KB254150

단단한
경제학

사건과 스토리로 읽는

단단한 경제학

나카하라 케이스케 지음 | 최려진 옮김

사건의 본질을 알면
모든 경제 현상이 한눈에 보인다

2005~2006년, '저축에서 투자로'라는 슬로건 아래 많은 이들이 은행에 맡겼던 자산을 주식 등의 금융자산으로 옮기면서 일대 투자 붐이 일었다. 그중에서도 특히 인기를 끈 것이 투자신탁이다. '전문가에게 맡기면 안심할 수 있다!', '손쉽게 국제분산투자'를 할 수 있다!'라는 광고에 현혹되어 투자신탁에 큰돈을 맡기는 사람이 급증했다.

그런데 2007~2008년, 미국의 주택 거품이 붕괴되면서 세계 금융위기가 몰아닥쳤다. '서브프라임 사태''로부터 '리먼 쇼크'''에 이르기까지 일련의 혼란이 불러온 세계 금융위기로 국제분산형 투자신탁에 돈을 맡긴 사람들은 대부분 돌이킬 수 없는 손실을 입게 되었다.

전부터 미국의 주택 거품 붕괴 위기를 경고해온 나는 저서 『서브프라임 이후의 신자산 운용』에서 국제분산투자와 장기투자 운용의 약점을 지적하고, 투자 환경 변화로 더 이상 기존의 이론은 통하지 않는다고 강조했다. 지금도 나에게는 심각한 고민과 고통을 하소연하는 편지가 전국에서 밀려든다.

'투자신탁에 퇴직금을 전부 밀어 넣었는데 어찌해야 좋을까요?'

'증권회사 담당자가 가장 안전하다고 해서 투자했는데 자산이 반 토막 났습니다.'

'투자 손실을 생각하면 앞날이 불안해서 밤에 잠이 오지 않습니다.'

'저축에서 투자로'라는 슬로건을 내세우며 국민에게 적극 투자를 권유해온 결과라고 하기엔 기가 막히지 않은가?

● **국제분산투자** 몇몇 나라에 분산하여 투자하는 방법을 말한다. 여러 국가에 투자하면 리스크를 회피할 수 있지만 세계 경제의 연동성이 높은 상황에서는 리스크 회피 효과가 저하된다.

●● **서브프라임 사태** 주택가격이 최고점에 도달하면서 서브프라임 모기지 채권이 불량채권으로 전락했다. 이 채권이 다양한 금융상품에 섞여 들어가 국제적으로 판매되는 바람에 세계적 신용 불안이 확대되고 세계 동시 주가 하락을 유발했다.

　※ **서브프라임 모기지** 비교적 신용 능력이 낮은 사람에게 빌려주는 주택 담보 대출.

　※ **채권** 어떤 사람이 다른 사람에게 돈의 지불 등 특정 요구를 할 수 있는 권리. 불량 채권이란 회수 곤란 가능성이 큰 채권을 말한다.

●●● **리먼 쇼크** 2008년 9월에 일어난 세계적 금융위기. 미국의 투자은행인 리먼 브러더스 파산이 계기가 되었다.

이제 '저축에서 투자로'라는 말은 거의 들려오지 않는다. 국가나 금융 관계자가 나서서 투자를 부추긴 끝에 발생한 이런 결과를 '투자는 자기 책임'이라는 말로 봉합하는 것이 과연 정당한 일일까? 속는 쪽이 잘못이라고 할 수도 있지만 투자 실패를 호소하는 편지를 받을 때마다 내 마음속에 어찌하기 힘든 분노가 끓어오른다.

지금까지 나는 상당한 시간과 노력을 투자해 실물경제 예측에 주력해왔다. 물론 금융시장을 잘못 읽는 바람에 예측이 빗나갔던 적도 있지만 큰 흐름에서 벗어난 일은 거의 없다. 금융시장은 정치적 이벤트나 금융 정책 변화에 좌우되는 경우가 많은데 이러한 움직임까지 정확하게 예측하는 것은 무척 힘든 일이다.

실물경제의 큰 흐름을 이해할 경우 미국 주택 거품 붕괴나 리먼 쇼크 같은 대형 사건이 일어나더라도 자산 운용에서 커다란 손실을 입는 일은 없다. 대형 사건이 일어나기 전에 리스크가 높은 금융상품을 모두 현금화하여 만전을 기할 수 있기 때문이다.

지금 당신에게 필요한 것은 '사건의 본질'과 '경제의 본질'을 알고, 세계가 현재 어떻게 돌아가고 있는지 냉정하게 파악하는 능력이 아닐까? 이런 능력을 갖춘다면 자산 운용의 왕도인 '손실은 적게, 이익은 크게'를 분명히 실현할 수 있을 것이다.

이러한 능력을 갖추는 데 도움을 주는 것 중 하나가 책인데, 아쉽게도 시중에 나와 있는 책 중에서 '사건의 본질'이나 '경제의 본질'을 알기 쉽게 설명해놓은 것은 거의 없다. 오히려 어려운 전문

용어가 많이 나와 관련 지식이 없으면 도저히 읽을 수 없는 책이 서점을 점령하고 있다. 반대로 지나치게 평이해서 정말 알아야 하는 것, 즉 사건의 본질과 경제의 본질을 설명하지 못하는 책들도 차고 넘친다. 내가 책을 쓰게 된 계기가 바로 여기에 있다.

이 책은 경제 지식이 전혀 없어도 누구나 부담없이 읽을 수 있도록 전문용어를 알기 쉽게 설명하는 것은 물론 그림을 실어 이해를 돕고 있다.

만약 경제 지식이 있다면 건너뛰며 읽어도 상관없지만 기존의 이론과 다른 관점을 취하는 부분이 많으므로 새롭게 기초 지식을 확인해볼 좋은 기회라고 생각했으면 좋겠다.

그렇다고 그 수준이 완전히 낮은 것은 아니다. 여러 가지 사례를 통해 사건의 본질과 경제의 본질을 구체적으로 살펴보고 내 나름대로 2011년 이후의 경제를 예측하고 있기 때문에 웬만큼 지식을 갖춘 사람에게도 이 책이 분명 만족을 줄 거라고 믿는다.

'사건의 본질'과 '경제의 본질'을 알면 스스로 생각하는 힘을 갖출 수 있다. 그러면 최소한 금융 관계자의 무책임한 정보에 농락당해 우왕좌왕하는 일은 없을 것이다. 또 '사건의 본질'과 '경제의 본질'을 알면 전혀 관계없어 보이던 개별 정보가 어느 순간 하나의 선으로 이어지게 된다. 추리소설을 읽다가 '아, 이 사람이 범인이구나!' 하는 느낌이 드는 순간처럼 말이다. 당신도 이 책을 통해 그 쾌감을 체험하기를 간절히 바란다.

차례

● 제3장 유럽 경제의 미래

○ 제6장 일본 경제의 미래

제1장

마국 경제의 현재

미국의 경제위기,
정말 끝났을까?

세계 경제를 이해하려면 가장 먼저 미국의 경제 동향을 파악해야 한다. 그리고 미국의 경제 동향을 파악할 때 우선시해야 할 예측좌표는 바로 거대 금융기관의 실적 회복이다. 2009년부터 회복 기조에 접어든 미국의 대형 금융기관들의 실적은 2010년 들어 가파른 호조를 보이고 있다.

골드먼삭스, JP모건체이스, 뱅크오브아메리카, 시티그룹 등 대형 은행 네 곳의 2010년 1분기 결산을 살펴보면, 시티그룹은 2007년 이후 지금까지 3년 중 가장 호조를 보였다. 골드먼삭스도 순이익이 거의 2배가 되었으며 JP모건체이스는 시장 예측을 크게 웃도는 수익을 달성했다. 유일하게 저조한 실적을 보였던 뱅크오브아메리카도 9개월 만에 흑자로 돌아서는 결과를 냈다.

이어지는 2분기 결산에서는 세계적으로 주가가 하락하는 가운데 투자 부문이 전반적으로 난조를 보이는 바람에 4대 은행 모두 수익이 감소했다. 이때 JP모건체이스를 제외한 세 곳은 감익 결산이 이루어졌지만 최종손익은 모두 큰 폭의 흑자를 기록했다. 주택 모기지의 불량채권화가 일단락되고 대손충당금(은행 등 금융기관이 대출해준 자금 중 회수가 안 될 부분을 사전에 예측하고 대출금액의 일정 비율을 비축해놓은 자금) 계상을 줄인 덕분에 흑자 결산이 유지된 것이다. 일부 경제 전문가는 이 일련의 현상을 긍정적으로 보고 마치 미국의 위기가 끝난 것처럼 얘기하지만 나는 그렇게 생각하지 않는다. 현재 미국 내 금융기관의 실적 회복은 단순히 민간의 적자가 정부로 옮겨간 것에 지나지 않기 때문이다. 그 이유는 다음과 같다.

2008년 서브프라임 사태를 발단으로 불거진 금융위기 이후 미국 정부는 대형 금융기관에 무려 2,500억 달러에 달하는 공적 자금을 쏟아 부었다. 특히 시티그룹과 뱅크오브아메리카에는 최대 규모인 450억 달러를 투입했다. 또한 미국 연방준비제도이사회(FRB)는 제로금리 정책과 금융 완화 정책을 펼쳐 시장에 돈이 넘쳐나게 함으로써 금융기관의 불량자산 처리를 뒷받침했다. 다시 말해 금융기관이 손익결산서에 기재한 '이익'의 절반 이상은 국민이 납부한 세금으로, 사회가 부담한 비용이다.

시티그룹과 뱅크오브아메리카를 포함한 상위 여섯 개 은행은 정부가 투입한 공적 자금의 채무를 이행했지만 이들 금융기관이 국민의 세금으로 살아났다는 사실은 달라지지 않는다. 공적 자금 투입으로 경영기반을 재정립하지 않았다면 금융기관의 주가 회복도, 그에 따른 이익 증가도 결코 없었을 것이다.

이처럼 금융기관의 실적은 회복되는 반면 미국의 재정 적자는 증가하고 있다. 미국의 재정 적자 그래프를 보면 오바마 정권이 탄생한 2009년 이후 미국의 재정 적자 폭이 얼마나 급격하게 증가했는지 알 수 있다. 2010년 2월 오바마 대통령이 발표한 예산교서에서는 미국의 2010년 회계연도(2009년 10월~ 2010년 9월) 재정 적자가 1조 5,560억 달러로 나타났는데 이는 역대 최고치에 해당한다(실제 2010년 회계연도 재정 적자는 1조 2,900억 달러였다).

그 이유는 금융기관의 실적 회복 등으로 세입은 다소 증가했지만 경기부양책이나 사회보장비, 의료비, 군사비 등이 그보다 크게 늘어 재정 적자 팽창에 제동이 걸리지 않았기 때문이다.

이런 몇 가지 사실만 봐도 미국의 경제위기가 끝났다는 평가는 본질을 제대로 파악하지 못한 채 단기 현상만 보고 판단한 분석에 지나지 않는다. 미국의 금융위기는 끝나지 않았다. 다만 그 위기의 주체가 주요 금융기관에서 정부로 옮겨갔을 뿐이다.

콜시장(은행끼리 돈을 빌리고 빌려주는 시장)의 어음을
중앙은행이 대량 매입하여 시장에 돈을 대량
투입(=공급)한다.

돈이 남아돌아 높은 대출금리를 적용할 수 없게 된다.

이렇게 해서 금리를 제로에 가깝게 유도하는 것이 제로금리 정책이다.
이 정책의 목적은 은행이 돈을 빌리지 못해 도산하는 리스크를 해소하고,
금융위기를 해결하는 데 있다.

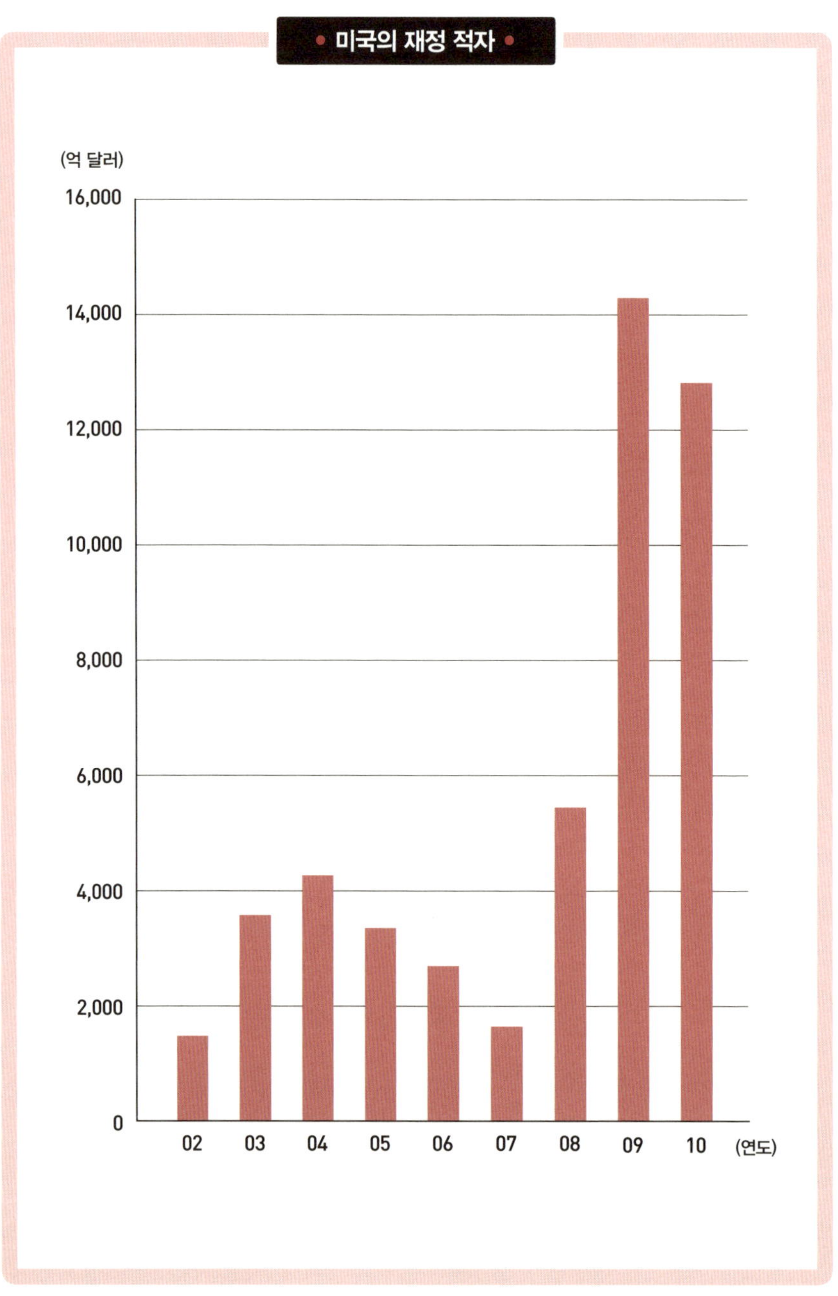
미국의 재정 적자
(억 달러)
16,000
14,000
12,000
10,000
8,000
6,000
4,000
2,000
0
02
03
04
05
06
07
08
09
10
(연도)

미국은 왜 환경위기에 주목하는가?

현재 미국 경제는 완전히 금융에 의존하고 있다고 해도 과언이 아니다. 미국에서는 이미 오래 전부터 제조업이 쇠퇴하고 그 자리에 금융 수익 창출 시스템이 속속 들어섰다. 실제로 미국 전체 기업의 수익에서 금융기관이 차지하는 비율을 보면 1980년대 초에는 전체의 10%에 불과했던 것이 2000년에는 전체의 45%를 차지할 만큼 확대되었다. 리먼 쇼크 이후 일시적으로 15%까지 떨어졌지만 2009년 말에는 다시 35%까지 회복되었다.

그러다가 서브프라임 사태로 주택과 금융 거품이 동시에 붕괴되면서 미국인 사이에 계속해서 금융 편중 경제에 의존할 수는 없다는 경각심이 높아졌다. 미국이 세계 경제의 패권을 쥐기 위해서는 금융 의존도가 높은 정책에서 탈피하여 새로운 경제구조를 만들어야 한다고 생각하게 된 것이다.

지금 환경보다 더 확실한 미래의 먹잇감이 또 있을까? 미국이 다음 경제의 핵심으로 점찍은 대상은 바로 '환경'이다. 전 세계적으로 가장 널리 이용하는 소비에너지가 석유에서 전기나 재생에너지로 바뀌면 68억 명에 이르는 세계인이 장기간에 걸쳐 가전과 자동차 등의 소비재를 바꾸는 수요가 발생하게 된다. 그러면 전쟁으로도 생길 수 없는 천문학적 규모의 수요가 일어난다. 정말 쉽고도 간단한 계산이 아닌가.

최근 미국은 '금융에서 환경으로'라는 거대한 흐름을 일으키기 위해 환경 분야 육성에 많은 세금을 투자하고 있다. 그 중심에는 버락 오바마 대통령의 '그린 뉴딜 정책' 공약이 있다.

2009년 1월 오바마 대통령은 신에너지 정책을 통해 에너지 고효율화 경제를 추구하고, 경제위기 해법의 일환으로 환경 분야에 1,500억 달러를 투자하여 500만 명의 고용을 창출하겠다고 발표했다. 이에 따라 태양에너지 등의 그린에너지와 차세대 송전망인 스마트그리드 기술 개발에 관련된 기업 및 자치단체에 대규모의 투자가 이루어졌다. 스마트그리드 기술이란 전력 수요와 공급을 자동적으로 조정하는 지능형 송전망을 말한다. 오바마 정부는 일반 소비자의 수요를 촉진하는 정책도 함께 실시했다. 그 대표적인 예가 CARS(Car Allowance Rebate System, 자동차 공제 리베이트 시스템)인데 이것은 소비자가 일정 소비기준에 부합하는 신차로 교체할 때 최대 4,500달러를 지원해주는 정책이다.

이처럼 미국은 환경으로 돈을 벌어들이는 경제로 전환하기 위해 막대한 선행투자를 해왔다. 하지만 너무 서두른 탓에 부작용이 만만치 않다. 환경 분야가 예상보다 빨리 성숙 단계로 진입하는 바람에 난감한 상황에 처하게 된 것이다. 정부가 대대적으로 환경 투자를 확대하자 많은 기업이 앞다투어 환경 분야에 뛰어들었고, 이로써 시장이 확대되기도 전에 공급 과잉 사태가 벌어졌다. 결국 제품 가격이 떨어지면서 일찌감치 할인 경쟁이 시작되는 폐단이 발생하고 말았다.

예를 들어 태양전지 시장을 살펴보자. 사실 태양전지는 고급기술 제품이지만 이미 오래 전에 일상용품처럼 되어 버렸다. 태양전지를 주로 생산하는 미국의 퍼스트솔라(First Sola)는 2009년 12월 순이익이 80%가 늘며 세계 최대 기업으로 도약했는데, 이것은 철저한 저가 전략으로 이룬 성과였다. 퍼스트솔라는 가격이 비싼 실리콘 등을 사용하지 않는 태양전지를 개발하여 미국뿐 아니라 유럽에서도 커다란 호응을 얻었다.

반면 태양전지 분야에서 앞서가던 독일의 큐셀(Q-cells)은 같은 달에 14억 유로의 적자를 냈는데, 이는 퍼스트솔라의 저가 공세에 밀린 결과라고 할 수 있다. 이 같은 가격 경쟁은 다른 환경 분야로 확대되어 나갈 것이다.

　앞으로 수요 증가가 예상되는 전기자동차 역시 유사한 과정을 걷게 될지도 모른다. 전기자동차는 기존의 자동차보다 구조가 단순해 고도의 기술 없이도 제조가 가능할 뿐 아니라, 완성차 조립에서도 특별히 숙련 기술이 필요치 않다. 따라서 진입 장벽이 낮으면 전기자동차 시장에 뛰어드는 업체는 계속 늘어날 것이다. 만약 업체의 난립으로 치열한 가격 경쟁이 벌어지면 기업의 이익이 대폭 줄어들어 비즈니스로서의 매력이 감소할 수도 있다.

　결국 환경 분야가 금융을 대신하여 미국 경제를 지탱하는 핵심으로 자리 잡으리라는 기대는 실현 가능성이 작아 보인다.

세계 경제가 주목하는 경제 테마는?

앞서 살펴본 것처럼 수요를 앞당겨 쓰도록 한 미국 정부의 지원 정책만 봐도 환경 산업에 어느 정도 한계가 있음을 짐작할 수 있다.

대표적으로 미국 정부는 '친환경 자동차 구입 우대 정책'이란 명목으로 일반 자동차를 친환경 자동차로 교체하는 사람에게 보조금과 감세 등의 혜택을 안겨줬다. 이에 따라 아직 차를 바꿀 생각이 없던 사람들도 파격적인 혜택을 놓칠세라 서둘러 새 차를 구입했다. 2009년 7월부터 약 한 달 동안 실시한 미국의 'CARS'는 폭발적인 인기로 재원이 예상보다 빨리 소진되어 단기간에 종료되었다. 그 결과 같은 해 8월 미국 신차 판매 대수는 1년 10개월 만에 플러스가 되었다. 그러나 'CARS'가 끝난 직후인 9월에는 신차 판매 대수가 전년도 동월 대비 22%나 떨어졌다.

마찬가지로 2009년 9월에 '친환경 자동차 교체 보조 제도'가 끝난 독일에서도 다음 해인 2010년의 신차 판매 대수가 전년 대비 30% 전후로 감소했다. 2010년 9월에 '친환경 자동차 보조금 제도'가 끝난 일본의 경우 제조사마다 감산체제에 들어갔고 토요타는 2010년 10월 생산 대수를 9월보다 20% 줄이겠다는 방침을 밝혔다.

수요를 미리 당겨쓴 반작용은 선진국을 중심으로 전 세계에서 한층 심각해질 것으로 예상된다. 하지만 재정 적자가 계속 늘고 있는 미국 정부의 입장에서는 더 이상 정부 자금을 풀어 경기부양책을 실시할 여유가 없다. 설상가상으로 2010년 들어 그리스 위기가 발단이 된 유로 위기까지 발생해 유럽 각국이 일제히 악화된 재정 상황을 단속하는 재정 재건으로 방향을 튼 것도 상황을 수세로 몰고 있다. 세계 경제의 역학 구조상 유럽의 위기가 미국에까지 영향을 미치는 사태는 피할 수 없을 것이다(유럽의 사정은 3장에서 자세히 설명한다).

유럽 역시 환경으로 수익을 내는 경제로 전환하기 위해 노력해왔지만 지금 세계 경제의 테마는 '환경 경제'에서 '재정 재건'으로 완전히 옮겨갔다. 2010년 초만 해도 경제기사에 '환경'이라는 단어가 가장 많이 등장했는데 그리스 위기가 유럽 경제에 영향을 미친 이후로는 '재정 재건' 또는 '긴축 재정'이 그 자리를 대신하고 있다.

유럽이 본격적으로 재정 건전화에 뛰어든 상황에서 미국이 홀로 환경 경제에 매달리느라 재정 적자를 부풀려 나갈 수는 없는 노릇이다. 미국이 재정 적자를 키우고 방치할 경우 유럽의 재정 재건과 비교되어 미 국채가 대거 매도될 가능성이 크기 때문이다. 경기가 좋지 않은 상황에서 국채가 매도되어 장기금리(일반적으로 1년 이상의 대출금리를 말한다)가 상승하면 다시 경기 악화를 불러올 위험성이 있다. 미국의 입장에서는 어떻게 해서든 그것만큼은 꼭 피하고 싶을 것이다.

또한 오바마 대통령의 지지율이 떨어졌다는 점도 환경 경제로 전환하는 데 걸림돌이 된다. 거액의 세금을 쏟아 부어 경기부양책을 실시해온 오바마 정권이지만 재정 재건을 우선시해야 한다는 여론이 거세지면 '그린 뉴딜 정책'을 옆으로 미뤄둘지도 모른다.

장기금리가 상승하여 경기가 악화되는 구조

10년 만기
국채
이자율 2%

100만 엔
100만 엔으로
2만 엔을 받을 수 있으므로
이자율은 2%

10년 만기 국채 이자율이
장기금리(1년을 초과하는 대출금리)의
지표가 된다.

10년 만기
국채
이자율 4%

50만 엔
50만 엔으로
2만 엔을 받을 수 있으므로
실질 이자율은 4%

국채가 팔려 가격이 떨어지면
이자율이 높아진다.
따라서 장기금리도 상승한다.

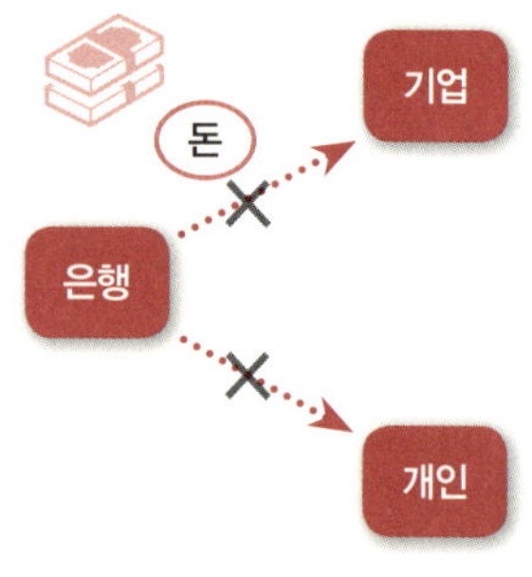

돈
기업
은행
개인

경기가 좋지 않을 때 은행이
돈을 빌려주는 금리가 높아지고,
돈을 빌리기 어려워진다.

경기 악화!

미국이 금융 의존 경제에서 벗어날 확률

미국이 계획한 '금융에서 환경으로'의 흐름은 좌초되거나 미뤄진 상태다. 이런 상황에서 미국은 과연 '금융에 의존하는 경제'와 결별할 수 있을까?

금융 의존 경제에서 벗어나고자 하는 오바마 대통령의 의지는 여러 측면에서 발견할 수 있다. 가령 오바마 대통령은 금융계와 공화당의 반대에도 불구하고 2010년 7월 '금융규제법'을 제정했다. 이것은 세계 대공황에 대한 반성으로 1933년 은행의 주식거래를 금지한 '글래스 스티걸법'을 제정한 이래 최대의 개혁으로 여겨진다. 금융 의존 경제에서 벗어나는 것은 '의료보험제도 개혁'

과 함께 오바마 정권의 가장 중요한 과제였다.

좀 더 구체적으로 살펴보자. 금융규제법의 주요 핵심은 '자기계정 거래 원칙' 금지와 '장외 파생금융상품' 규제 강화다. '자기계정 거래 원칙'이란 금융기관이 자신의 자금으로 리스크를 안고 실시하는 거래를 말하며, '장외 파생 금융상품'은 일반적인 거래와 달리 증권거래소를 통하지 않고 파생상품을 은행이나 증권사에서 쌍방의 협정으로 거래하는 상품을 말한다.

1999년 글래스 스티걸법이 폐지되고 은행과 증권사의 경계가 허물어지면서 미국의 은행은 스스로 투자의 주체가 되어 돈을 불려왔다. 이러한 상황이 결과적으로 금융 경제를 부풀려 거품 붕괴를 초래하는 원인이 되었다는 견해가 미국 여론의 대세다. 실제로 1980년대에 GDP의 1.5~2배였던 미국의 금융자산이 2007년에는 GDP의 4.4배에 달했다. 미국은 약 30년에 걸쳐 금융 경제를 팽창시켜온 셈이다. 실물경제와 금융 경제의 불균형이 확대되고 이를 감내할 수 없을 만큼 상황이 어긋나면서 결국 금융위기가 일어난 것이다.

그러고 보면 부시 정권이 금융기관 구제를 위해 공적 자금 투입을 결정했을 때 미 국민이 맹렬히 반발한 것도 이해할 만하다.

"금융기관이 금융위기를 일으킨 장본인이고, 그 간부들은 고액의 보수를 받고 있는데 왜 우리가 낸 세금으로 구제해야 하는가!"

이런 까닭에 오바마 대통령은 현 금융 시스템의 제도적 결함을 시정하고 두 번 다시 위기를 불러들이지 않을 목적으로 금융규제법을 제정했다.

새로운 규제법은 금융기관이 높은 리스크를 안고 거래하는 자기계정 거래를 대폭 제한하고 있다. 또 은행이 헤지펀드나 주식을 상장하지 않은 기업의 주식에 투자해 이익을 얻는 '프라이빗 에쿼티 펀드(비공개 기업투자 펀드)'에 출자할 수 있는 한도를 해당 은행 중핵자본 비율의 3%를 넘지 않는 범위로 정하고 출자 비율도 3% 이내로 제한하였다.

이로써 사실상 은행은 헤지펀드 소유 및 투자를 할 수 없게 되었다. 나아가 장외 파생금융상품 거래는 대부분 거래소 등 공적 기관을 통해 이루어지게 되었다.

지금까지 금융기관은 자기들끼리 장외 파생금융상품을 직접 매매해왔고 덕분에 외부의 감시를 받지 않으며 얼마든지 레버리지를 활용할 수 있었다. 레버리지란 신용거래 등을 이용해 수중의 자금보다 많은 금액을 움직여 막대한 이익을 취하는 것을 말한다. 한마디로 지금껏 은행은 자신들이 하고 싶은 대로 할 수 있었다.

그러나 '금융규제법' 도입으로 공적 시장을 통해서만 거래가 이루어질 경우 거래 내용이 투명해지기 때문에 은행의 제멋대로 관행은 사라지게 된다.

금융기관에 더욱 타격을 입힌 것은 레버리지 배율 규제를 이전보다 엄격하게 제한하고 있다는 점이다. 지금까지는 '은행의 자산은 자본의 25배 이내(우량 금융기관은 33배 이내)로 억제할 것'이라고 되어 있었지만 금융규제법은 그 상한선을 단번에 15배까지 끌어 내렸다.

　사실 높은 레버리지는 금융위기를 일으킨 중요한 원인 중 하나다. 사실을 증명이라도 하듯 레버리지 배율을 20배 이내로 규제해 온 캐나다는 금융위기의 영향을 거의 받지 않았다.

금융규제법 향후 방향은?

금융규제법을 제정하긴 했지만 문제는 지금부터다. 정해진 것은 어디까지나 법률의 골자일 뿐, 상세 규정이나 구체적인 실시 방법은 이제부터 FRB를 비롯한 각 정부부서가 조정해야 하기 때문이다. 이전보다 훨씬 엄격해진 규제를 정말 실행할 수 있을지는 앞으로 1년 정도 경과를 지켜보아야 알 수 있다. 나는 규제가 속 빈 강정이 될 가능성이 충분히 있다고 생각한다. 무엇보다 2010년 11월 중간선거에서 오바마 대통령이 이끄는 민주당은 무려 63석이나 공화당에 내주어야 했다. 민주당의 참패는 향후 금융규제법이 어디로 흘러갈지 그 방향을 어느 정도 짐작하게 해준다.

오바마 정권 혹은 민주당이 추구하는 것은 '큰 정부'다. 큰 정부는 민간 기업 활동에 적극 개입하는 한편 재정 지출을 통해 사회보장과 복지정책에 충실하고자 한다. 오바마 정권이 추진하는 금융규제와 의료제도 개혁은 바로 그러한 의도를 상징한다. 반대 입장인 공화당은 '작은 정부'를 지향한다. 이들은 정부의 경제 개입을 최소화하고 시장의 자유 경쟁과 자주성을 존중하는 정책을 전통으로 하고 있다.

금융규제법이 통과되기까지 공화당 의원은 물론 상원과 하원에서도 상당한 반발이 있었다. 따라서 중간선거 결과가 보여주듯 갓 통과된 금융규제법을 얼마나 엄격하게 실시할 수 있을지 불투명하다. 물론 지금까지 제멋대로 해온 금융기관을 여론이 엄중하게 지켜보고 있으니 금융규제법을 사실상 백지화하는 사태는 일어나지 않을 것이다. 그래도 은행에 대한 규제가 느슨해질 가능성은 충분히 있다.

한편 당사자인 대형 금융기관의 경영진은 금융규제법의 영향을 매우 심각하게 받아들이고 있다. 어느 컨설팅 회사가 금융기관 102사를 대상으로 실시한 조사에 따르면 66%의 경영간부가 "장기 전략을 수정해야 할 처지에 몰렸다"고 응답했다.

지금껏 막대한 수익을 거두게 해준 파생금융상품 투자나 자기계정 거래에 제한을 받으면 손쉽게 큰돈을 벌어들이던 금융기관의 수익 기반은 무너지게 된다. 규제를 그대로 실시할 경우 금융기관의 경영이익이 20%가량 줄어들 것이라는 예측도 나오고 있지만, 나는 그 정도로 끝나지는 않으리라고 본다. 골드먼삭스는 1조 엔이 넘는 자기투자액이 7분의 1로, 모건스탠리는 3분의 1로 줄어들 거라는 예상도 있는 만큼 이 상태로는 은행의 수익력이 대폭 감소할 수밖에 없을 것이다.

이제 금융기관은 새로운 수익원을 찾아야 하는 처지에 놓인 셈이다. 금융기관은 아마도 해외 진출을 가속화할 것이다. 특히 아시아 진출이 활발해질 것으로 예상된다.

미국의 기업 수익에서 금융기관이 차지하는 비율은 2010년 11월 현재 전체의 35%에 달한다. 그런데 환경 경제로의 전환이 좌초되어 여전히 경제의 주축으로 군림하는 금융업이 축소되면 국가의 세수가 크게 줄어들 위험이 있다. 세수가 줄어들면 재정 적자가 더욱 커지리라는 것은 누구나 예상할 수 있다. 더구나 금융기관이 해외사업을 확대할 경우 고용이 느는 곳은 해외지 국내가 아니다. 상황이 이러한데 정말로 미국이 금융 경제와 결별할 수 있을까?

오바마 대통령과 재정 재건의 딜레마

'금융에서 환경으로'의 경제 정책이 좌초된 것은 미국의 앞날을 결정하는 데 중요한 분기점이 되었다. 결국 미국이 세계 경제의 패권을 틀어쥐는 날은 더욱 멀어졌다고 볼 수 있다. 그뿐 아니라 미국은 재정 재건이라는 엄청난 벽 앞에 서 있다.

그리스의 재정 문제가 이렇게까지 빠르게 확대되어 선진국을 중심으로 재정 재건의 트렌드가 형성되리라고는 미국도 예상하지 못했을 것이다. 사실 2009년 후반만 해도 나는 '2012년까지 환경 거품이 일어날 가능성이 있다'고 생각했다. 물론 이 판단은 '선진국이 실시하는 대규모 경기부양책이 국채 신용 불안으로 이어지지 않는다'는 것을 전제로 한 것이다. 그런데 지금 그 전제 조건은 완전히 무너져버렸다.

2010년 6월 서울에서 개최된 G20 정상회의에서 '선진국은 2013년 까지 재정 적자를 절반으로 줄인다'는 목표가 포함된 선언을 채택 했다. 이것은 각국이 안고 있는 재정 문제의 심각성을 충분히 보여 준다. 적어도 앞으로 3년 동안은 미국, 유럽 할 것 없이 재정 재건 이 최우선 과제가 될 것으로 예측된다.

미국의 고민은 더욱 깊다. 2010년 11월의 중간선거에서 오바마 대통령이 이끄는 민주당이 패배함으로써 경기부양책에 제동이 걸 렸기 때문이다. 대통령 임기 전반에 실시하는 중간선거에서는 대 부분 집권 여당이 패배한다. 이것은 역사적 통계에도 잘 나타나 있다. 국민의 큰 기대를 안고 출범한 새 정부가 예상했던 것만큼 성과를 내지 못하면서 국민의 실망감을 이끌어낸 채 중간선거를 치르는 까닭이다.

오바마 정부도 이런 상황을 피하지 못한데다 경기 침체와 고용 회복 지연이라는 악재까지 겹쳐 있다. 리먼 쇼크가 발생한 지 2년 이 지나도록 미국의 실업률은 여전히 9%대로 높으며 기업의 설비 가동률은 70%대 전반으로 낮은 수준을 보이고 있다. 뒤에서 상세 히 설명하겠지만 미국의 양대 모기지인 프레디 맥(Freddie Mac)과 패니 메이(Fannie Mae)가 끌어안은 불량채권 문제도 미국 경제를 위협하는 큰 불씨가 되고 있다.

결국 오바마 정권은 내키지 않더라도 재정 재건 쪽으로 정책을 바꾸게 될 것이다. 그러면 당연히 환경 투자가 억제되고 환경 거품 또한 사라지게 된다.

그렇다면 미국 경제를 다시 일으켜 성장 궤도에 올려놓을 다른 수단으로는 무엇이 있을까?

달러 약세 언제까지 지켜볼 것인가?

미국 정부가 추진하는 또 하나의 경기 회복 수단은 국외 수요 확대에 따른 수출 증진 정책이다.

오바마 대통령은 2010년 1월의 일반교서 연설에서 향후 5년 동안 미국의 수출을 두 배로 늘리겠다는 방침을 밝혔다. 경기 악화로 미국 국내의 수요가 늘지 않으니 성장하는 신흥국의 수요를 끌어올려 수출을 증가시키겠다는 생각이다. 다행히 미국의 경제와 고용의 약화로 FRB의 금융 완화 정책이 무리없이 진행되면서 달러 약세가 이어지고 있다. 달러 약세는 이후로도 한동안 계속될 것으로 보인다.

미국이 재정 재건 노선으로 전환하고 FRB가 이대로 금융 완화 정책을 계속 유지한다면 달러 약세 경향은 더욱 강해질 것이다. 재정 긴축은 그 나라의 경제가 약해진다는 의미이므로 통화 약세의 요인이 된다. 또 계속된 금융 완화 정책으로 시중에 돈이 많이 풀리면 수요와 공급의 원칙에 따라 통화의 가치는 떨어지게 마련이다.

1990년대까지는 분명 수출 확대가 경기 회복의 효과적인 수단이었다. 당시 금융위기를 경험한 스웨덴과 아시아 통화위기에 직면한 한국, 태국 등이 금융 완화로 자국 통화 약세를 유도하고 수출을 확대함으로써 경기 회복을 달성했다. 그러나 이제는 세계 경제를 둘러싼 상황이 크게 변했다. 1990년대에는 세계 경제가 전체적으로 성장세 분위기였고 경제가 호황이었기 때문에 스웨덴이나 한국, 태국의 통화 약세가 용인될 수 있었다.

반면 지금은 주요 선진국의 경기가 침체되어 있는 탓에 도저히 타국의 경제를 받쳐줄 만한 여유가 없다. 나아가 다른 나라의 통화 약세를 묵인하고 장기간 받아들이는 국가도 없다. 실제로 일본 정부는 2010년 9월, 6년 만에 외환시장 개입에 나섰지만 협조해주는 나라가 없었다.

미국이 수출 확대를 위해 달러 약세를 유도하고 있긴 하지만 현재로서는 달러 약세를 통한 경제성장에 한계가 있을 것으로 예상된다. 다른 나라들이 일방적인 달러 약세를 계속해서 용인하지는 않을 것이기 때문이다. 아마도 신흥국을 중심으로 달러를 매수하고 자국 통화를 매도하는 외환 개입이 진행되어 달러 약세를 되돌리려는 움직임이 강해질 것이다. 실제로 한국이나 싱가포르, 인도네시아, 태국 등은 이미 2009년부터 달러 매수 개입을 하고 있다. 이러한 움직임은 이후로도 세계 각국에 파급될 가능성이 크다.

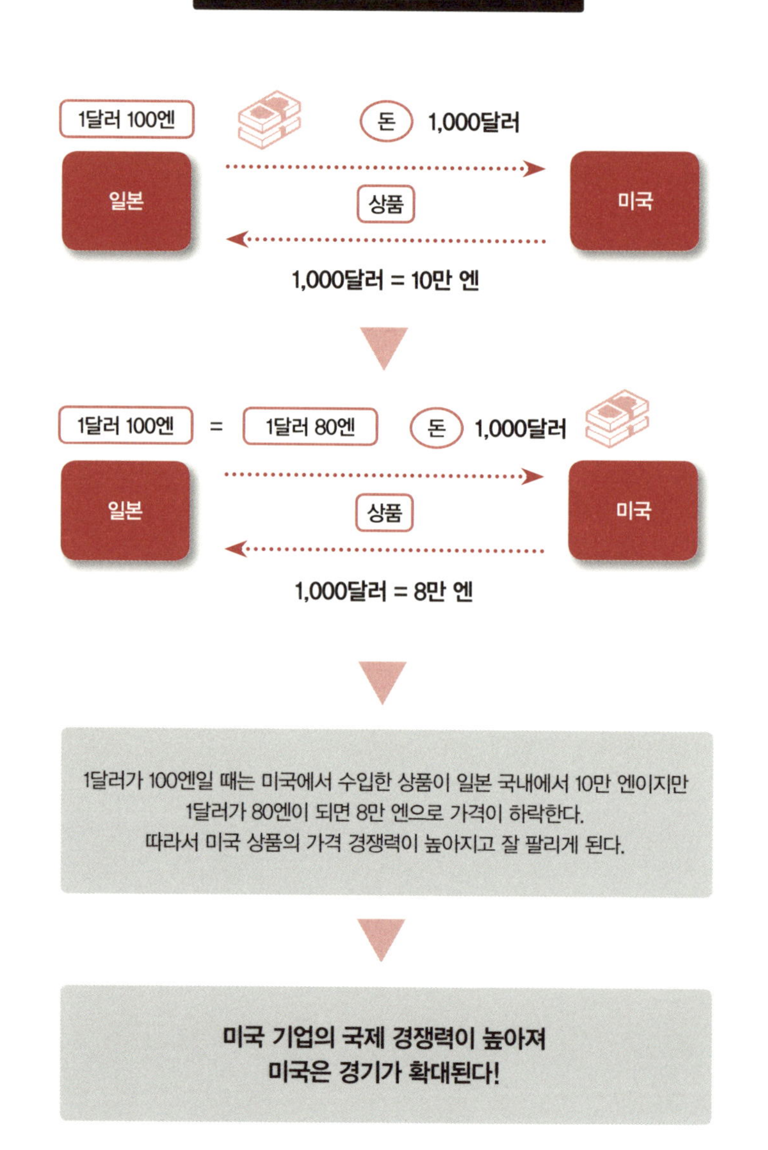

달러 약세를 통한 경기 확대 구조
1달러 100엔
돈
1,000달러
일본
미국
상품
1,000달러 = 10만 엔
1달러 100엔
=
1달러 80엔
돈
1,000달러
일본
미국
상품
1,000달러 = 8만 엔
1달러가 100엔일 때는 미국에서 수입한 상품이 일본 국내에서 10만 엔이지만
1달러가 80엔이 되면 8만 엔으로 가격이 하락한다.
따라서 미국 상품의 가격 경쟁력이 높아지고 잘 팔리게 된다.
미국 기업의 국제 경쟁력이 높아져
미국은 경기가 확대된다!

과연 미국 경제의
 앞날은?

　미국이 노리는 '달러 약세를 통한 경기 확대'가 오래 지속되지 않을 경우, 이는 미국 경기가 호전 이후 다시 악화돼 더블딥(이중 침체)에 빠질 위험이 있음을 의미한다.

　다음 페이지의 그래프를 보자. 미국의 대표적 주택가격지수 'S&P 케이스 실러 주택가격지수'는 2006년 7월의 최고값 206.5에서 2009년 4월 139.2로 30% 넘게 하락했다. 그 후 조금씩 상승세로 돌아서 2010년 7월에는 148.9까지 회복했다. 그렇지만 나는 2011년 이후 미국의 주택가격이 다시 하락세로 돌아서고 경기도 냉각될 가능성이 크다고 예상한다.

2009년 이후 주택시장이 회복된 이유는 정부와 금융이라는 두 바퀴가 시장을 지탱해주었기 때문이다. 재정 면에서는 정부가 주택 구입자에게 감세 정책을 실시하여 주택 수요를 불러일으켰다. 금융 면에서는 FRB가 주택대출 담보증권을 직접 매수하여 담보증

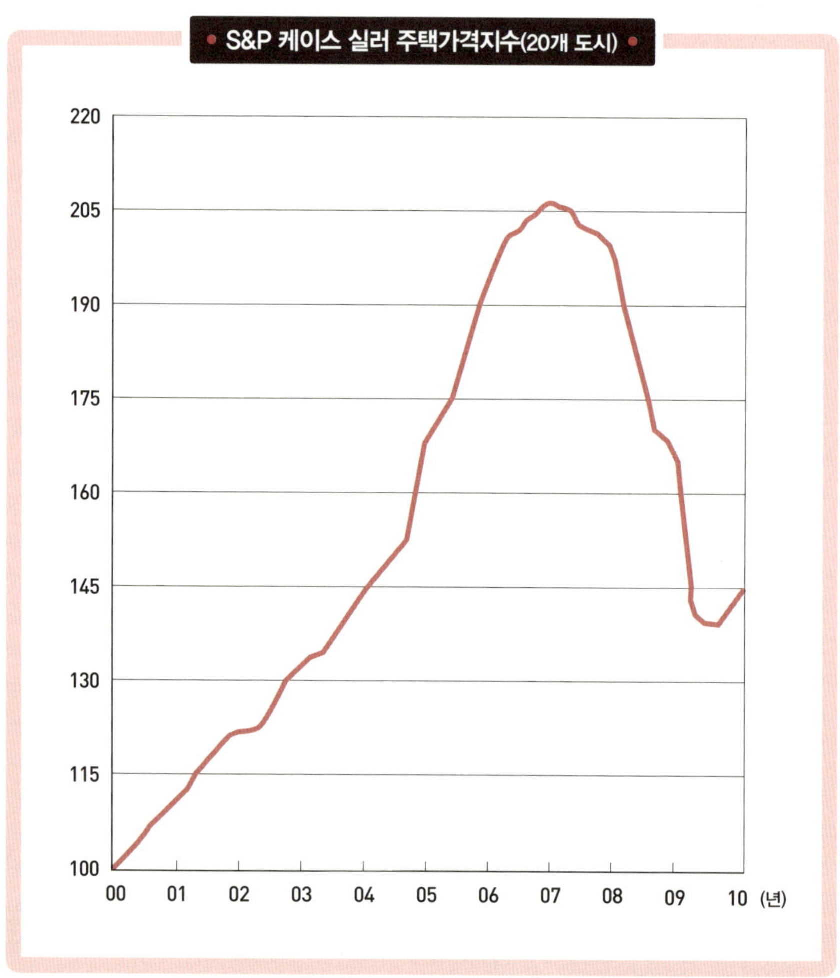

권 가격 하락에 제동을 걸었다. 그러나 주택대출 담보증권 매수는 2010년 3월 말, 주택 구입 시의 감세는 4월 말에 종료되었다. 주택시장을 떠받치던 재정과 금융의 두 바퀴가 거의 동시에 빠진 것이다. 여기서 우리는 두 가지의 큰 흐름을 예측해볼 수 있다.

하나는 FRB의 매수 종료로 주택대출 담보증권이 하락하고 결국 금융기관의 감액손실이 커진다는 점이다. 다른 하나는 정부의 감세 정책이 끝남으로써 주택 판매 건수가 줄어들고 주택가격이 하락하여 금융기관의 불량채권이 증가한다는 것이다.

실제로 2010년 5월, 미국의 국책 모기지기관 프레디 맥이 재무부에 106억 달러의 추가 융자를 요구한 사실이 알려지기도 했다. 그로부터 며칠 뒤에는 또 하나의 모기지기관인 패니 메이도 84억 달러의 추가 지원을 요청했다. 이것은 FRB의 주택대출 담보증권 매수 종료로 나타난 현상이다. 매수자가 사라진 주택대출 담보증권이 서서히 하락하면서 금융기관의 감액손실은 갈수록 늘어날 전망이다.

감세 조치가 끝나면서 주택 판매 건수가 이미 크게 줄어든 사실은 말할 것도 없다. 5월의 신축주택 판매 건수는 28만 1천 호로 4월의 50만 4천 호에서 대폭 감소하여 1963년 통계를 시작한 이후 최저 건수로 집계됐다. 중고주택 판매 건수도 6월에는 526만 호였지만 6월 말에 주택 구입 시의 감세 혜택이 완료되면서 7월에는 383만 호로 떨어져 통계 사상 최대의 하락폭을 보였다.

신축주택과 중고주택의 판매 저조 현상은 2010년 이후에도 계속될 것으로 보인다. 또한 주택 판매 저조로부터 몇 개월의 시간 차를 두고 주택가격도 다시 하락하기 시작할 것이다. 주택대출 담보증권 매수와 주택 구입 시의 감세 혜택이 거의 동시에 끝난다는 것은 이미 2010년 초에 알려져 있었다. 그런데 이상하게도 미국 경기가 2010년 후반부터 악화될 가능성이 있음을 지적하는 사람은 거의 없었다.

나는 2010년 초반부터 블로그 등을 통해 그 리스크를 언급했지만, 주위의 반응은 '기업 실적이나 주가가 견실하게 회복되고 있으니 주택 지원 정책이 끝나도 그다지 악재로 작용하지 않을 것'이라는 의견이 대부분이었다. 6~7월이 되어서야 비로소 악화된 주택 관련 지표나 거시 경제지표를 보고 미국의 경기 감속을 염려하는 의견이 나오기 시작했다.

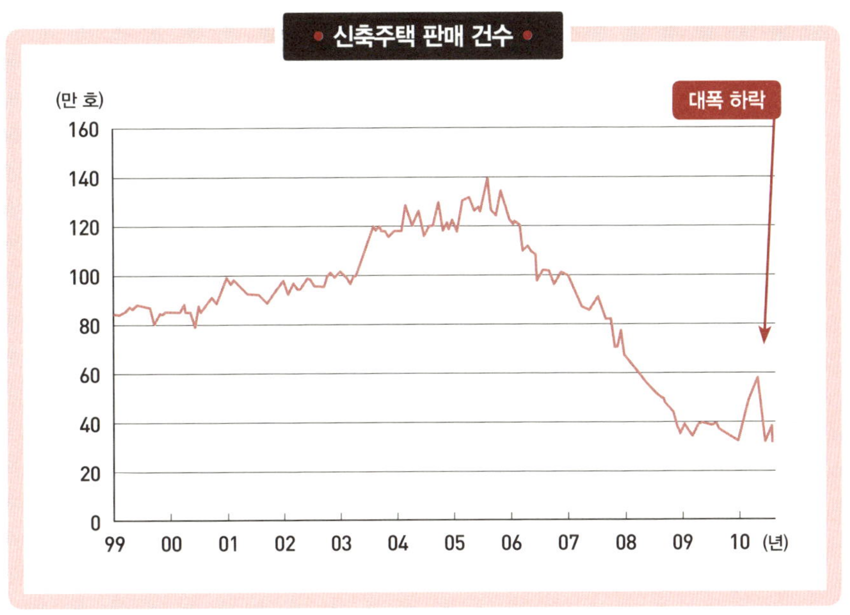
신축주택 판매 건수
대폭 하락
(만 호)
160
140
120
100
80
60
40
20
0
99 00 01 02 03 04 05 06 07 08 09 10 (년)

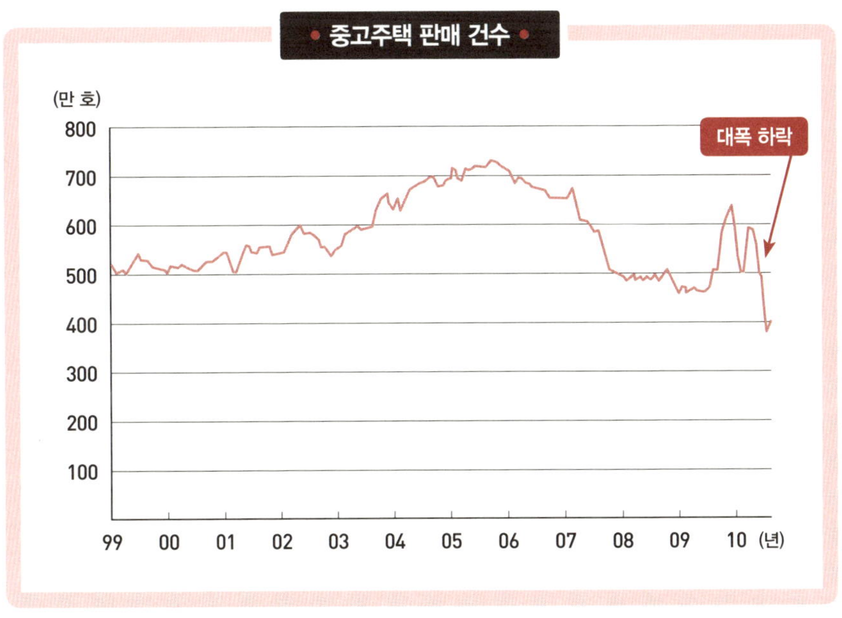
중고주택 판매 건수
대폭 하락
(만 호)
800
700
600
500
400
300
200
100
99 00 01 02 03 04 05 06 07 08 09 10 (년)

경기회복에 대한 왜곡과 격차

미국의 경기가 2009년 7월 무렵부터 회복 국면에 접어들었다는 의견은 현실을 올바르게 파악한 것이라고 보기 어렵다. 기업 실적이 호조를 보이긴 했으나 그것은 극히 일부에서만 해당되는 얘기다.

대표적으로 대형 은행과 글로벌기업은 호조를 보이고 있지만, 중소은행이나 중소기업은 여전히 힘든 상황이 계속되고 있다. 특히 지방은행을 비롯한 중소은행은 전혀 재무 개선이 이루어지지 않았다. 예금 보호를 담당하는 미국 연방예금보험공사(FDIC, Federal Deposit Insurance Corporation)에 따르면 2009년에 파산한 은행은 140곳에 달한다. 또한 FDIC는 경영상태가 악화돼 파산 우려가 있는 은행도 공표하고 있는데 2010년 3월 말 현재 건전성에 문제가 있는 것으로 파악된 은행이 무려 775곳에 달했다. 리먼 쇼크 직후인 2008년 9월 말 도산 위험성이 있다고 집계된 171곳보다 오히려 4.5배 이상 급증한 것이다.

앞서 설명한 대로 대형 은행은 정부나 FRB의 지원을 받아 부활한 이후 견실한 결산을 유지하고 있다. 그러나 지원을 등에 업은 경기 회복은 왜곡과 격차를 확대하는 결과를 낳았다. 그것은 일부 기업에 한정된 경기 회복이며 건전한 경기 회복과는 거리가 멀다. 더구나 호조로 보이는 대형 은행의 결산마저 부실한 개인 부문이나 상업 부문을 투자 부문 수익으로 메우는 위험을 내포한 구조로 이루어져 있다.

결국 FRB의 금융 완화 정책 덕분에 주가가 오르는 금융 경기가 끝나고 주식시장이 천장을 찍게 되면 수익 자체가 약해질 것으로 보인다. 그와 동시에 주택가격 하락으로 은행의 불량채권 증가도 예상된다. 그렇게 되면 은행의 경영은 서서히 어려워질 것이다.

애초에 대형 은행 결산의 호조에는 '일부 가격 하락이 큰 금융상품은 불량자산으로 계상하지 않는다'는 보다 완화된 시가평가 회계 규칙의 꼼수가 숨어 있다. 또 일부 주택대출의 연대채권은 압류가 늘지 않도록 불량채권으로 계산하지 않아도 좋도록 한 사기도 있다.

　미국의 금융기관은 여전히 막대한 불량자산과 불량채권을 끌어 안고 있지만 그 정확한 숫자는 겉으로 드러나지 않는다. 지금은 그 저 구린 곳에 뚜껑을 덮어두고 그럭저럭 견디고 있는 상황이다.

　현재 미국은 글로벌기업과 달러 약세 효과 덕분에 해외 수익 확 대에 성공하는 것처럼 보이지만, 세계 각국이 언제까지나 그런 상 황을 용납할 리 없다.

미국이 디플레이션에 빠질 가능성은?

미국의 근원 소비자물가지수(변동이 큰 식품과 에너지를 제외한 지수) 상승률이 44년 만에 낮은 수준의 추이를 보이고 있다. 소비자물가지수는 소비자가 구입하는 상품이나 서비스의 가격 변동을 나타내는 지수로 경제성장의 중요한 지표다. 그동안 미국의 근원 소비자물가지수가 줄곧 마이너스를 유지한 것은 아니기 때문에 물가가 계속해서 떨어지는 '디플레이션'에 빠졌다고 할 수는 없지만 적어도 물가가 상승하기 어려운 '디스인플레이션(물가상승률이 낮고 인플레이션이 완화되는 상황)' 상태임은 분명하다. 그렇다면 과연 미국은 일본과 같은 심각한 디플레이션 경제로 이행할 가능성은 없을까? 이제부터 그 문제를 검증해보겠다.

'경제의 본질'이라는 관점에서 물가가 오르지 않는 최대 원인은 노동자의 임금이 오르지 않는 데 있다. 나는 이 '본질'을 다른 모든 경제이론보다 우선시해야 한다고 확신한다.

건전한 인플레이션은 '노동자의 임금 상승 → 소비 확대 → 물가 상승'의 과정으로 일어난다. 단, 물가가 달음박질치듯 급속도로 상승하는 악성 인플레이션(초인플레이션)은 논외로 하자. 연간

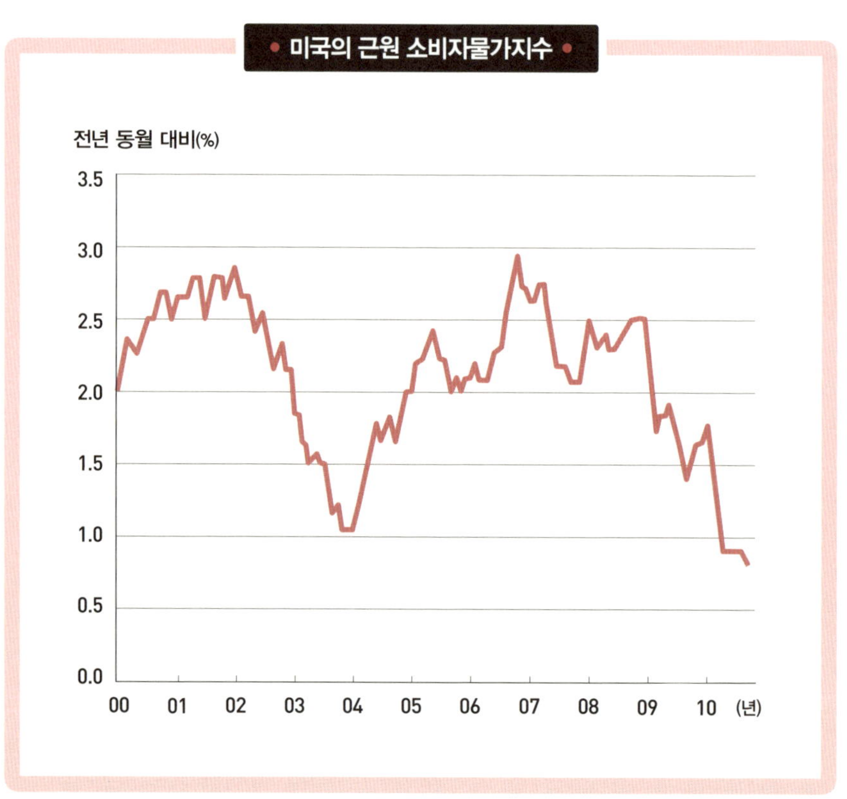

2% 정도의 물가 상승이 계속되는 건전한 인플레이션은 지속적인 경제성장에 반드시 필요하다. 그러나 지금 미국은 거품 붕괴 후의 일본과 마찬가지로 디플레이션 현상이 엿보이기 때문에 건전한 인플레이션이 발생하기 어려운 상황이다.

현재 미국이 직면하고 있는 문제는 '설비, 고용, 채무'의 3대 과잉이다. 1990년대에 거품이 꺼진 뒤 일본의 기업도 마찬가지로 3대 과잉을 끌어안고 오랜 기간 힘겨워했다. 당시 채무 변제를 우선시한 일본의 기업들은 구조조정을 통해 인원과 설비를 줄여 나갔다.

물론 미국과 일본의 상황에는 다른 점이 있다. 일본은 3대 과잉을 모두 기업이 끌어안은 반면 미국은 가계가 채무 과잉을 끌어안았다. 주택 거품 붕괴가 일어나기까지 미국인은 주택을 담보로 빚을 내어 자신의 능력을 벗어난 과잉 소비를 즐겼다. 미국에서는 1893년 이후 100년 이상 주택가격이 크게 떨어진 적이 없었다. 이런 까닭에 '주택가격은 하락하지 않는다'는 믿음이 마치 신화처럼 미국인의 마음 깊숙이 깔려 있었다. 미국인들이 주택의 자산가치 하락을 염두에 두지 않고 계속해서 펑펑 소비했던 건 그런 믿음 때문이었다.

미국인의 왕성한 소비 의욕이 세계 경제 성장에 한몫한 것도 사실이다. 그러나 2007년 주택 거품이 붕괴됨으로써 미 국민은 큰 대가를 치르게 되었다. 주택가격 하락으로 미국의 가계가 큰 빚을 떠안게 된 것이다. 이 문제는 그리 쉽게 해결되지 않을 것이다. 과거 일본의 기업이 그랬던 것처럼 미국의 가계도 당장 소비를 억제하고 대출 변제를 우선시할 수밖에 없다.

미국에서도 설비와 고용 과잉의 문제는 일본과 마찬가지로 기업이 끌어안고 있다. 오바마 대통령은 2010년 1월 일반교서 연설에서 최우선 과제로 고용 문제를 들었다. 그러나 고용 통계에 따르면 비농업부문 고용자 수는 전월 대비 플러스를 유지하지 못하고

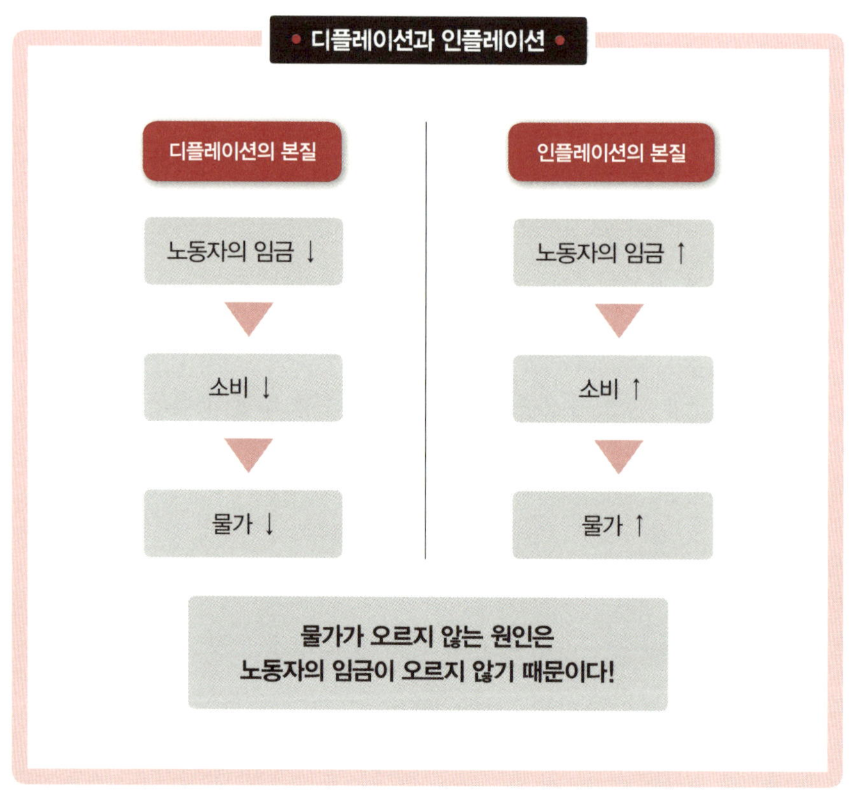

있고 실업률도 9%대에 달한다. 한마디로 아직까지 개선될 조짐
은 보이지 않는다.

기업의 생산 능력 대비 실제 생산량을 나타내는 설비 가동률도
70%대 전반에 머물러 있다. 일반적으로 설비 가동률이 80%를 넘
으면 기업은 생산능력이 부족하다고 느껴 설비투자를 늘리는 경
향이 있다고 한다. 현재 미국 기업은 국내 수요 전망에 낙관적이
지 않은 까닭에 설비투자나 노동자 신규 채용에 선뜻 나서지 않고

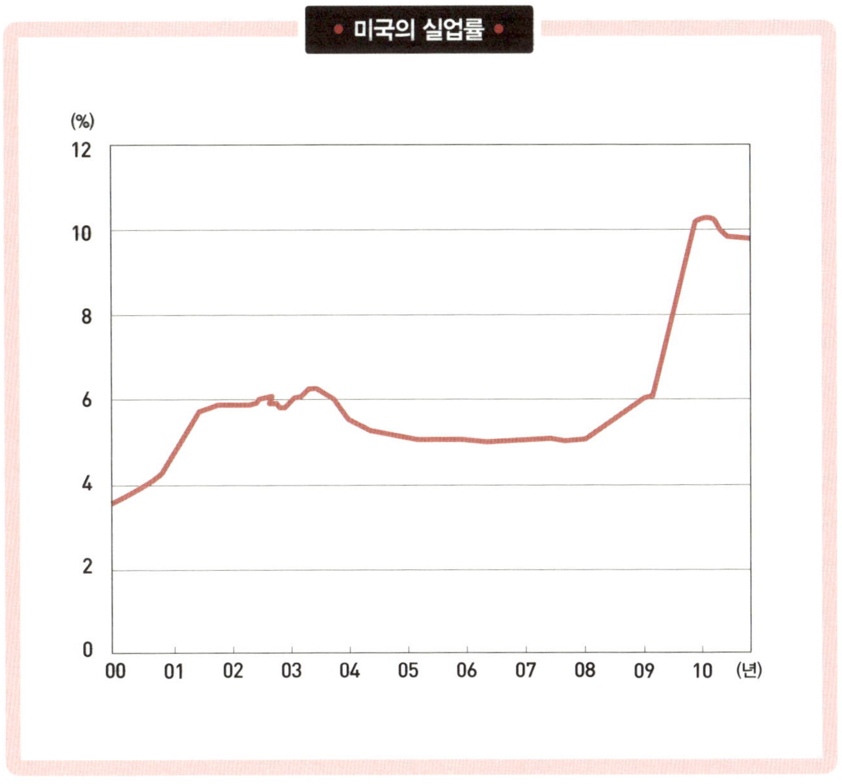

있다. 거물 투자가 워런 버핏이 오바마 대통령에게 "거품 경제 시기에 생긴 기업의 과잉 설비를 해소할 정책이 필요하다"고 조언했다는데, 솔직히 과잉 설비를 해소하기 위해 정부가 할 수 있는 일은 거의 없다. 국내 경기가 회복되지 않는 한 어찌해볼 수 없는 문제다.

고용 과잉 문제도 해결의 실마리가 보이지 않는다. 해외수요로 수익을 내는 글로벌기업은 고용을 늘리고 있지만 그 고용은 해외에 해당될 뿐이다. 실적 호조를 보이는 기업조차 국내에서는 고용을 적극 늘릴 가능성이 작아 고용 과잉이 해소되는 데는 좀 더 시간이 걸릴 전망이다.

3대 과잉을 해소하는 데 시간이 걸린다는 사실은 일본의 사례가 잘 보여준다. 1990년 거품 붕괴 후 일본 기업이 3대 과잉을 해소하는 데 10년 이상이 걸렸다. '잃어버린 10년'이라고 불리는 경제의 공백기가 바로 시기다. 미국의 기업과 가계가 3대 과잉을 해소하는 데도 아마 그만큼의 기간이 필요할 것이다.

제2장

미국 경제의 미래

왜 FRB는 ECB의 전철을 밟는가?

미국의 경기를 판단할 때 가장 중요한 경제지표는 '고용'과 '주택'이다. 앞서 말했듯 두 가지 모두 침체되어 있지만 그중에서도 특히 염려스러운 것은 주택 관련 지표의 악화 경향이다. 악화 요인은 주택 구입 시의 감세 정책과 주택대출 담보증권 매수를 거의 같은 시기에 그만두었다는 데 있다. 이는 최근 1년 동안 미국 정부와 FRB가 저지른 가장 큰 실수라고 할 수 있다.

재정과 금융 중 어느 한 지원책을 끊어도 그 반작용으로 주택시장은 냉각되고 만다. 그런데 두 가지를 동시에 중단했으니 사태가 한층 더 심각해지는 것은 당연한 일이 아닌가. 결과적으로 주택가

격이 하락하면 미 국민의 소비 의욕은 사그라지고 이것은 전체 물
가를 떨어트리는 요인이 된다. 나아가 주택가격 하락은 미국 경제
의 디플레이션화를 조장하는 요소가 될 수도 있다.

그렇지만 2010년 이른 봄까지 FRB의 견해는 매우 낙관적이었
다. 2월에 공정금리(중앙은행이 다른 은행에 돈을 빌려줄 때의 금리)를
인상하고 3월에 주택대출 담보증권 매수를 종료한 일련의 흐름은
FRB가 금융 완화를 통한 출구 전략을 구상하고 있음을 의미한다.
말하자면 '위기는 지나갔으니 평상시의 금융 정책으로 돌아가자'
고 생각한 것이다.

하지만 실제로는 주택대출 담보증권 매수를 중단하자 곧 프레디
맥과 패니 메이에서 추가 지원을 요구하는 사태가 발생했다. 특
히 이것이 주택 구입 시의 감세 혜택 중단과 맞물리면서 주택시장
은 한꺼번에 냉각되었다. 다우존스 평균 주가도 매수 종료 직후인
4월을 최고점으로 답보상태다.

내가 이해할 수 없는 것은 왜 FRB가 유럽중앙은행(ECB, Europen
Central Bank)이 저지른 실수를 되풀이하는가 하는 점이다. 유럽
금융위기의 직접적인 원인은 ECB의 금융 정책 실패에 있다. 그리
스의 국채가 하락한 원인은 ECB가 2009년 가을까지 실시한 '비상
시 대응 자금 공급'을 축소한 데 있었다. 유럽의 은행은 ECB가 과
잉 공급한 유로로 그리스와 포르투갈, 스페인 국채 등을 대량으로
구입했다. 기업에 자금을 대출해주고 회수를 못 하는 위험을 떠안

기보다 이들 나라의 국채를 구입해 높은 이자율로 수익을 얻는 편이 안전하다고 생각했기 때문이다.

그런데 ECB가 출구 전략의 일환으로 '비상시 대응 자금 공급'을 축소하자 은행은 그리스나 포르투갈, 스페인 등의 국채를 팔고 공급한 자금 회수에 나섰다. 이러한 움직임이 그리스 국채의 폭락을 초래하면서 EU와 국제통화기금(IMF)이 그리스를 구제하는 일련의 사태가 벌어진 것이다.

ECB는 간접적으로 그리스 국채를, FRB는 직접적으로 주택대출 담보증권을 샀다는 차이가 있긴 하지만 두 사례는 완전히 같은 구도에 놓여 있다.

ECB의 실패를 목격하고도 FRB가 왜 같은 전철을 밟았는지 나로서는 이해가 가지 않는다. 같은 출구 전략을 실행하더라도 매수 금액을 단계적으로 축소하거나, 주택 구입 시의 감세 혜택 종료와 시기가 겹치지 않도록 조정하는 것처럼, 좀 더 나은 방법이 있지 않았을까?

이 경우만 보아도 FRB가 미래를 제대로 내다보지 못한 채 금융 정책을 결정하고 있다는 사실을 알 수 있다.

미국의 금융 정책을 결정하는 최고의사결정기관, 미연방 공개시장위원회(FOMC, Federal Open Market Committee)는 2010년 8월 '금년 후반의 성장은 더욱 완만해질 가능성이 크다'라는 성명을 발표했다. 연초의 경기 인식에서는 후퇴했지만 여전히 2011년에는 향상된다는 낙관적인 예측을 내놓은 것이다.

　이러한 경기 인식은 지나치게 느긋하고 안일한 자세다. 유럽이 2011년부터 본격적으로 긴축 재정을 실시한 여파가 미국 경제에 파급되지 않을 리는 없기 때문이다. 더구나 중간선거에서 패배한 민주당은 재정 재건 노선으로 전환할 가능성이 매우 크다. 경제의 본질 측면에서 볼 때 재정 재건을 추진하면 경기는 반드시 악화되게 마련이다. FOMC가 그 점을 알고 있었다면 '경기 향상'이라는 예측은 절대 내놓지 않았을 것이다.

'케인스 정책의 본질'을 이해하지 못한 대책

놀랍게도 많은 경제 전문가 역시 FRB의 낙관론을 추종하는 태평한 전망을 내놓고 있다. 인간이 본래 권위에 약하다는 것은 인정하지만 좀 더 현실을 직시해야 하지 않을까 싶다.

2007년 서브프라임 사태에서 2008년 리먼 쇼크에 이르기까지 FRB는 사태의 심각성을 과소평가하고 금융 정책을 질금질금 내놓아 실패를 거듭했다. 그럼에도 불구하고 중앙은행의 위신은 흔들림 없이 유지된 것 같다. FRB가 '경기 확대가 계속된다'고 말하면 많은 경제 전문가가 그 말을 곧이 곧대로 믿고 평가했으니 말이다.

반면 미국에 앞서 거품 붕괴를 경험한 일본의 경제 전문가들은 다른 나라에 비해 미국의 경기를 신중하게 바라보는 듯하다. 거품이 꺼진 지 20년이 지나도록 여전히 저성장과 디플레이션이 계속되고 있으니 어쩌면 당연한 일일지 모른다. 미국인은 주택과 금융의 거품 붕괴를 경험한 지 고작 2년이 지났을 뿐이다. 그러니 미국의 경제 전문가들이 일본인만큼 그 심각성을 냉정하게 볼 수는 없을 것이다.

중앙은행만 태평한 전망을 내놓은 것은 아니다. 정부도 다르지 않다. 오바마 정권은 주택 구입 시의 감세 혜택 등 경기부양책이 끝나는 2010년 중반까지는 내수가 본격적으로 회복될 것이라는 시나리오를 예상했고 결과는 지금까지 설명한 그대로다. 감세 정책이 끝나자마자 주택매매 거래가 급격하게 줄어든 것은 미국의 경기 회복이 정부에 크게 의존하고 있다는 사실을 잘 보여준다.

정부의 돈 뿌리기 정책은 만능 경기대책이 아니다. 각국이 안이하게 정부 재정을 지출하는 경기부양책을 반복할 때마다 나는 그들이 케인스 정책의 진정한 의미를 이해하지 못하는 게 아닌가 하는 생각이 든다.

케인스 정책은 일반적으로 정부가 적극 공공사업 등을 펼치고 자금을 지출해 유효 수요를 창출하는 정책으로 인식되고 있다. 하지만 이것은 케인스 정책을 표면적으로만 바라본 것이며 그 본질은 다른 데 있다.

내가 생각하는 케인스 정책의 본질은 '소비자의 심리에 작용하여 돈을 쓰고 싶게 만드는 것'이다. 물론 계획적인 재정 지출이 효과적인 경우도 있다. 그러나 정부가 돈을 푼다는 것은 어디까지나 수단이지 그 자체가 목적은 아니다. 수단이 무엇이든 결과적으로 사람들의 소비 심리가 풀리지 않으면 실물경제의 회복과 성장은 불가능하다.

소비자가 지갑을 열지 않을 경우 아무리 시간이 지나도 기업의 수익이 늘지 않기 때문에 GDP를 확대해 국가의 체력을 향상시킬 수 없다. 이 본질을 이해하면 경기 회복에는 고용 확대와 임금의 단계적, 지속적 상승이 필요불가결하다는 사실을 알 수 있다. 사람들은 수입이 줄거나 직장을 잃는 등 미래에 대해 불안을 느낄 때 소비를 줄인다. 반대로 수입이 늘거나 안정적인 직장을 구했을 때는 미래를 밝게 내다보고 소비를 늘린다. 이 경우 건전한 인플레이션을 일으키는 '노동자 임금 상승 → 소비 확대 → 물가 상승' 과정이 자연스럽게 작동한다. 더불어 디플레이션 진행이 멈추게 된다.

어떤 경기대책이든 소비자가 자신의 미래를 안정적으로 내다보지 않는 한 그 효과는 단기적이고 한정적일 수밖에 없다. '경제는 이론이 아니라 인간의 심리로 움직인다'는 중요한 본질을 잊어서는 안 된다. 각국 정부가 그 점을 제대로 이해하지 못하면 앞으로도 효과적인 경기부양책을 내놓지 못한 채 쓸데없이 재정을 지출하여 재정 악화를 가속화할 확률이 높다.

FRB는 왜 주장을 철회했나

거시경제 지표가 악화된 2010년 5월 이후, FRB는 지금까지와 달리 몇 가지 측면에서 신속하고 적절하게 대응했다. 그 점은 나도 높이 평가한다.

2010년 7월 후반 FRB의 벤 버냉키 의장은 지금까지의 견해를 뒤집는 발언을 했다. "미국 경제는 이상하리만큼 불투명한 상태에 놓여 있었다." 이전까지 자신들의 견해를 좀처럼 수정하지 않고 경기 확대가 계속된다고 주장해온 까닭에 이 말은 세계의 이목을 끌었다. 이어 8월이 되자 FRB는 추가 금융 완화 정책을 발표했다. 그 내용은 지금까지 대량으로 구입해온 주택대출 담보증권의 원금 상환분을 사용하여 장기국채를 매입한다는 것이었다. 이런 결정 뒤에는 시장에 공급하는 돈의 양을 늘려 장기금리를 낮은 수준에 묶어둠으로써 경기를 부양하려는 의도가 숨어 있다.

추가 금융 완화 정책은 FRB가 봄에 진행한 출구 전략의 잘못을 바로잡고 현실 경제에 따른 방침으로 180도 전환했음을 의미한다. 드디어 FRB가 과거의 교훈을 활용하게 된 것이다.

서브프라임 사태가 발생한 직후 FRB의 대응은 평상시와 조금도 다르지 않았다. FOMC의 위원들도 '이 문제는 미국의 금융 시스템에 큰 영향을 미치지 않는다'는 취지의 발언을 거듭했고 이후 내놓은 금융 정책은 모두 뒷북에 불과했다.

2008년 3월 정부의 조정으로 JP모건이 베어 스턴스(Bears tearns, 미국 월가의 5대 은행 중 하나)를 긴급 인수했을 때도 버냉키 의장은 "베어 스턴스 같은 문제가 다시 일어나리라고 보지 않는다"고 말했다. 대형 금융기관이 파산을 면했으니 금융 시스템을 뒤흔드는 위기는 없을 거라고 판단한 발언이었다. 하지만 그로부터 고작 반년 후에 보란 듯이 리먼 쇼크가 발생했다. 미국을 넘어 전 세계 경제에 절대적 영향력을 미치는 인물이 현실을 크게 오인하고 있었던 것이다.

2010년 5월 이후에 FRB가 보여준 신속한 방침 전환은 금융위기의 경험을 바탕으로 하고 있다. 미국뿐 아니라 어느 나라든 금융 당국은 자존심이 세고 자신들의 방침이나 견해를 수정하는 데 저항감을 느끼는 경향이 강하다. 그런 의미에서 버냉키 의장이 지금까지의 견해를 전면적으로 뒤집는 발언을 한 것만으로도 상당한 진보라고 할 수 있다.

유럽의 경제 상황은 3장에서 상세히 설명하고 있지만, ECB가 과거의 교훈을 활용한 적은 아직 없다. 하물며 일본은행은 말할 것도 없다.

금융 완화 정책의 실체

FRB의 대처에는 분명 높이 살 부분도 있지만 미국 경제를 다시 성장세로 돌려놓을 유효한 정책이 없다는 문제는 여전히 남는다. 결국 지금까지와 마찬가지로 금융 완화를 계속할 수밖에 없을 것이다.

상황이 이렇다 보니 미국의 디플레이션화나 디스인플레이션화를 멈출 실마리가 보이지 않는다. 이러한 주장을 뒷받침하는 대표적인 사실은 미국, 일본, 유럽의 금융기관이 대량으로 국채를 샀다는 점이다.

금융위기 이후 미국, 유럽, 일본의 중앙은행은 금융 완화 정책의 일환으로 계속해서 시중에 많은 돈을 공급했다. 그 돈이 기업으로 흘러들어가 설비투자와 고용 확대로 이어지면 경기가 살아나는 선순환이 일어날 것이라 기대했기 때문이다.

하지만 중앙은행의 기대와 달리 돈을 공급받은 금융기관들은 기업에 투자한 것이 아니라 국채를 구입하는 데 돈을 쏟아 부었다. 그 결과 2010년 5~6월에 각국 금융기관의 국채 보유액은 역대 최고 수준에 이르렀다. 미국이 6월 말에 전년 동월 대비 14.6% 증가한 1조 4,800억 달러, 유로존은 5월 말 현재 9.8% 증가한 1조 5,600억 유로, 일본은 5월 말 기준으로 23.5% 증가한 138조 엔이나 되었다. 더불어 FRB가 보유한 은행의 지급준비금은 약 1조 달러에 달해 금융위기 전의 100배까지 팽창했다. FRB가 공급한 돈이 다시 FRB로 되돌아와 쌓인 것이다.

반면 기업에 대한 은행융자는 오히려 줄어들었다. 미국의 은행융자액은 2009년 여름부터 1년 사이에 2%가 감소했다. 다시 말해 은행은 FRB가 대량 공급한 돈을 기업에 빌려주지 않고 국채를 비롯해 다른 금융상품을 사는 데 썼던 것이다. 그러고도 남은 돈은 FRB에 맡겼다.

이는 금융기관이 자신들의 리스크 회피를 우선시한 결과다. 거품이 꺼진 이후 일본이 어땠는지 한 번이라도 검증했다면 이러한 상황은 충분히 예상할 수 있었을 것이다.

과거에 일본은행은 대규모 금융 완화를 실시했지만 은행은 기업

미국 금융 완화 정책의 실체와 돈 흐름

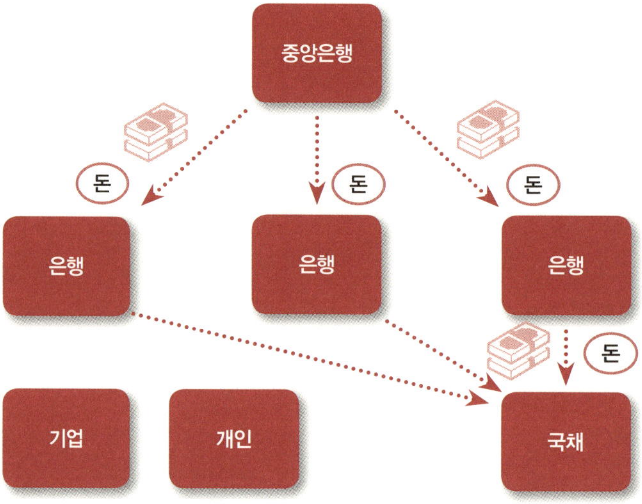

중앙은행

돈
돈
돈

은행
은행
은행

돈

기업
개인
국채

은행이 리스크가 두려워 국채 구입에 매달리기 때문에
시중에 돈이 돌지 않는다.

디플레이션에서 벗어날 수 없다!
(즉 화폐가치가 떨어지지 않고 물가가 오르지 않는다.)

에 대한 융자를 까다롭게 틀어쥐었다. 특히 재무상태가 나빠진 중소기업은 은행에서 대출받는 것이 거의 불가능했다. 그렇다고 은행 탓만 할 수는 없다. 거품 붕괴로 은행 스스로 거액의 불량채권을 떠안게 된 상황이라 대손 리스크를 지나치게 의식하는 것도 어찌보면 당연한 일이었다.

2010년 11월 현재 일본에서는 장기금리(10년 만기 국채 금리)가 1.0%에 머물렀고 은행의 대출금리도 1.0% 전후로 떨어졌다. 이런 상황에서는 100건의 대출 중 1건이라도 잘못되면 바로 적자가 날 수밖에 없다. 그러니 리스크를 감수하고 대출을 해주기보다 국채를 사는 편이 낫겠다고 생각할 만도 하다.

미국의 금융 완화가 장기화된다면 장기금리 저하로 은행의 이익 기반이 서서히 약해지고 대출은 한층 까다로워질 것이다. 미국은 바야흐로 일본의 전철을 밟으려 하고 있다.

미국의 붕괴를 막기 위해 놓치지 말아야 할 것

FRB가 금융 정책을 결정할 때 가장 중요시하는 것은 '고용'과 '물가'다. 하지만 금융위기 이후 고용 회복 조짐이 희망적으로 보이지 않는 가운데 FRB의 금융 완화는 장기화될 전망이다.

FRB가 금융 완화 정책으로 국채를 계속 매수하면 그것만으로도 장기금리가 하락하는 요인이 된다. 여기에다 은행도 리스크 회피를 우선시해 국채를 계속 사들이기 때문에 장기금리 저하가 필요 이상으로 진행된다. 단기금리가 제로에 가까운 상태에서 장기금리가 낮아지면 은행의 대출 이익폭은 축소되고 장기적으로 은행의 수익력은 서서히 떨어진다. 아이러니하게도 은행은 국채를 계속 사들임으로써 스스로의 수익력을 약화시키는 셈이다.

수익력이 약해질 경우 은행은 더욱더 대출을 기피하는 경향을 보인다. 그러면 대기업에 비해 신용도가 낮은 중소기업이 피해를 보게 된다. 결국 미국에서는 불경기가 진행되는 가운데 대기업과 중소기업의 격차가 더욱 벌어지고 만다. 유럽이나 일본과 달리 미국은 주로 시장 조달형 경제이기 때문에 자금이 부족해지면 대기업은 주식을 발행하여 돈을 조달하는 경향이 강하다. 그렇지만 주식 발행이 여의치 않은 중소기업은 은행에 의존해 자금을 조달하는 수밖에 없다. 이때 만약 은행이 융자를 꺼리면 중소기업의 경영은 어려워지고 고용은 감소하게 된다.

대다수 나라에서 고용 창출을 주로 책임지는 곳은 중소기업이다. 일본의 경우 중소기업의 비율이 90%에 달한다. 일본만큼은 아니지만 미국에서도 기업의 50% 이상을 중소기업이 차지하고 있다. 그 중소기업이 융자를 받지 못해 고전하는 상태가 계속될 경우 노동자의 임금이 오르기는커녕 오히려 구조조정이 진행될 수도 있다. 그러면 미국이 디스인플레이션 상태에서 벗어나기도 어렵고 디플레이션 상황에 빠져들 위험을 불식시킬 수도 없다.

어떤 기업이든 처음에는 중소기업에서부터 시작한다. 마이크로소프트의 빌 게이츠 회장은 "당신에게 가장 무서운 것은?"이라는 질문을 받았을 때 "근처 차고에서 무언가 새로운 것을 만들어내려고 애쓰는 젊은이들"이라고 대답했다. 그리고 그 무렵 구글이 탄생했다.

이제까지 미국의 은행은 아직 성공 여부가 불확실한 벤처기업에도 적극 돈을 빌려주며 중소기업 혁신을 불러일으켜 경제의 신진대사를 도모해왔다. 그런데 만약 은행이 리스크 회피를 위해 중소기업에 대한 대출을 조인다면 앞으로는 구글이나 아마존 같은 기업이 탄생하기 어려울지도 모른다. 이런 상황에 놓일 경우 미국 경제 자체가 장기 침체에 빠져들 위험도 있다.

미국과 일본의 공통점

FRB는 디플레이션에 대해서도 낙관적 견해를 보이고 있다. FRB의 버냉키 의장은 지금까지 몇 번이나 "미국에서는 일본과 같은 디플레이션은 일어나지 않는다"고 단언해왔다. 이러한 주장 뒤에는 금융 완화 정책이 유발한 달러 약세가 수입 물가를 올려 물가 전체에 인플레이션 압력이 작용할 것이라는 믿음이 있었다. 이전에도 "금융 완화 정책은 효과적인 디플레이션 대책"이라고 말했었다. 하지만 버냉키 의장은 중요한 점을 놓치고 있다. 경제가 성숙한 나라에서는 통화 약세가 인플레이션을 일으키지 않는다. 수입 물가가 상승할 경우 소비 감소에 따른 물가 하락 압력이 이를 상쇄하기 때문이다.

실제로 일본의 경우 엔저 거품이라고 하던 2005~2007년에도 물가는 오히려 떨어지기만 했다. 이러한 사례가 있는데도 FRB는 자국의 통화 약세가 인플레이션을 일으킬 것이라고 생각하는 것일까?

지금까지 각국 중앙은행의 최대 정책 과제는 인플레이션 퇴치였다. 이에 따라 인플레이션 억제에 유용한 정책은 알아도 디플레이션을 극복하는 수단은 잘 모르는 경우가 많다.

세계에서 가장 먼저 디플레이션에 빠져들었던 일본의 상황은 어땠을까? 일본의 은행 역시 효과적인 대책을 내놓지 못했다. 그런데 왜 FRB는 과거에 일본의 은행이 시행한 금융 완화 정책을 흉내내려 하는지 의문이다. 일본의 선례로 볼 때 경기를 떠받치려는 FRB의 금융 완화가 길어질수록 오히려 미국 경제는 한층 침체될 가능성이 크다.

미국 세인트루이스 연방준비은행의 제임스 블러드 총재는 "미국 경제는 디플레이션으로 고통을 겪은 일본 경제에 역사상 가장 가깝다"며 "미국채 매입을 통한 양적 완화 확대가 적절하다"라고 주장했다. 양적 완화는 금리 인하를 통한 경기부양책이 한계에 봉착했을 때 내놓는 정책으로, 중앙은행이 국채 매입 등으로 이율을 더 낮추지 않고도 돈의 흐름을 늘리는 데 목적이 있다.

하지만 내 생각은 다르다. 앞서 설명한 대로 국채 매입을 통한 금융 완화 정책은 금융기관의 수익 기반을 약화시켜 대출을 어렵게 만들 뿐이다. 결과적으로 고용의 대부분을 담당하는 중소기업은 자금 조달에 어려움을 겪고 노동자 임금 상승에도 제동이 걸릴 수밖에 없다. 이 경우 소비가 늘어나지 않고 물가도 안정적으로 상승하지 못해 경제의 파이 자체가 축소되고 만다.

내가 볼 때 금융 완화는 자국의 통화 약세를 유도하는 것 외에 별다른 효과가 없다. 통화 공급량이 늘면 수요와 공급의 관계에 따라 상대적으로 통화의 가치가 떨어진다. 이것은 자국 통화 약세를 유도하여 수출로 외수를 확대하는 데는 어느 정도 효과가 있다. 수출산업이 호조를 보이면 주가도 자연스럽게 오르기 때문에 그 지속성은 의문이지만 주가를 떠받치는 효과는 분명 있다. 그러나 금융 완화의 이점은 그것이 전부다. 결코 실물경제가 좋아지지는 않는다. 금융 팽창이 일으킨 거품 붕괴를 또 다른 금융 정책으로 해결할 수는 없다는 얘기다. 다만 미국이 거품 경제 후의 일본에 가깝다는 점만은 블러드 총재의 주장에 동의한다.

앞서 FRB에 쌓인 지급준비금이 급격하게 증가하고 있다고 설명했는데 이는 일본도 마찬가지였다. 일본은행이 2001~2006년까지 양적 완화를 실시했을 때, 일본은행의 당좌예금 잔액은 5조 엔에서 35조 엔으로 증가했지만 은행의 융자잔액은 60조 엔 이상 줄어들었다. 미국 은행의 국채 보유액이 늘어 국채 이자율이 역사적인 수준으로 낮아진 것도 2002~2003년의 일본과 닮았다. 2010년

• FRB의 잘못된 사고 •
FRB
국채
돈
돈
국채
은행
은행
FRB가 시중의 국채를 사면 국채 가격이 상승,
장기금리 저하 요인이 된다.
금리가 떨어지면 은행 수익 기반이 약해지기 때문에
대출을 옥죄게 된다.
중소기업이 자금을 조달하지 못해 노동자 임금이 오르지 않는다.
달러 약세로 수입 물가가 상승해도
인플레이션(=물가 상승)에는 이르지 못한다!

4월 말 미 국채의 이자율은 2년 만기가 1.0%, 10년 만기가 3.7%였는데, 그 후 겨우 넉 달 만에 2년 만기가 0.5%, 10년 만기가 2.5%까지 떨어졌다. 일본은 1999년에 소비자물가 상승률이 마이너스가 되었으며 이후 8년 동안 물가 하락이 계속되었다. 2007년부터 2008년에 걸쳐 한 차례 플러스로 돌아섰지만 2009년 이후에는 다시 마이너스가 이어졌다. 80쪽의 그래프가 보여주듯 미국도 식량과 에너지를 제외한 근원 소비자물가지수가 1%를 돌파했다.

과거에 일본이 '양적 완화'로 디플레이션을 극복하지 못했던 것과 마찬가지로 FRB도 양적 완화로는 디스인플레이션 상태를 벗어날 수 없을 것이다.

일본은행은 2001년부터 제로금리 정책을 유지해왔고 은행은 국채 등을 사들여 통화 공급량을 늘리는 '국채 매입 오퍼레이션'을 실시했다. 하지만 경기 침체는 계속되었고 디플레이션에서 벗어날 수 없었다. 세계적 호황에 힘입어 2002년부터 2007년까지 경기가 확대되었으나 그것은 주로 중국 쪽 수출이 늘어난 데다 거액의 엔화 매도 개입으로 엔화 약세를 유도해 기업의 수익이 대폭 증가했기 때문이다. 이것을 양적 완화가 이루어낸 성과라고 볼 수는 없다.

미국 주가의 전망은?

경기 회복에는 고용 확대가 절대적으로 필요하지만 그것만으로는 불충분하다. 고용 확대와 함께 자산 가치 상승도 이루어져야 소비가 확대된다. 미국인에게 자산이란 주택 같은 부동산과 주식 등의 금융상품을 말한다. 주식과 부동산 가격이 오르면 미국인이 보유한 자산 가치는 전체적으로 상승하게 된다.

미국인은 리스크가 큰 금융자산 보유율이 일본보다 훨씬 높으며, 그들이 보유한 자산은 대부분 주식의 영향을 받는다. 가령 투자신탁을 비롯해 연금이나 생명보험도 주식으로 운용하는 비율이 꽤 높은 편이다.

금융자산의 내역(2009년 3월 말 현재)

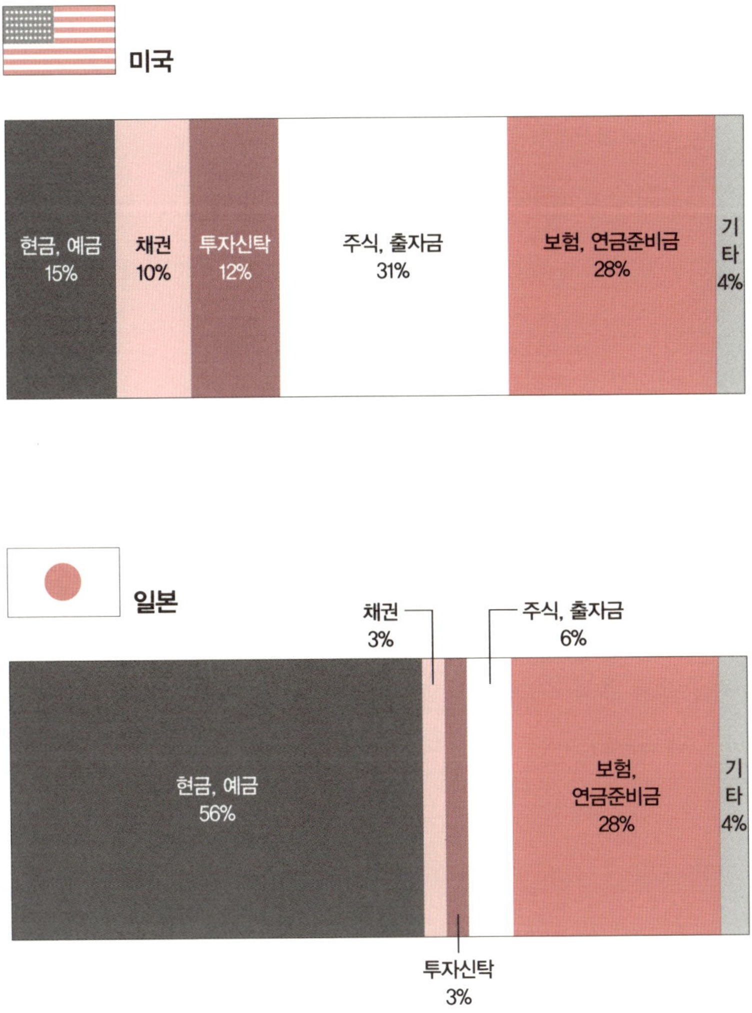

미국

현금, 예금
15%
채권
10%
투자신탁
12%
주식, 출자금
31%
보험, 연금준비금
28%
기타
4%

일본

채권
3%
주식, 출자금
6%
현금, 예금
56%
보험,
연금준비금
28%
기타
4%
투자신탁
3%

2009년 말부터 미국에서는 백화점 매출과 고급 브랜드 판매가 일시적으로 늘어났다. 흔히 주가 회복으로 부유층의 자산이 증가하면 고가 상품 판매가 늘어나는 경향이 있다. 또한 금융 완화로 시장에 돈이 남아돌면 경기나 기업 실적이 좋아지지 않아도 주가가 오르는 경우도 있다. 이것을 두고 '금융 시세'라고 한다. 그러나 실물경제의 뒷받침이 없는 주가 상승은 오래가지 못한다. 일시적으로 상승해도 경기 부진이 계속되면 머지않아 하락하고 만다.

지금까지 주가를 밀어 올리는 요인으로 작용한 자사주 매입 효과도 이후로는 희박해질 것이다. 현재의 주가는 세계가 호경기를 구가할 때에 비해 낮고, 미국의 투자자는 주당순이익을 주시하므로 많은 기업이 주당순이익을 늘리기 위해 자사주를 매입할 것으로 보인다. 그러나 그것은 저조한 기업 성장률을 숨기는 것에 지나지 않는다. '미국의 주당순이익 증가 중 3분의 1은 자사주 매입으로 발행 주식 수를 줄임으로써 액수를 늘린 것'이라는 추정이 있을 정도다.

이제는 투자자들도 그 점을 알아채기 시작했다. 지금까지 기업의 자사주 매입은 '매수' 재료로 인식됐지만 앞으로는 그 기업이 성장 궤도에 올라탈 만큼 체력이 있는지 꼼꼼히 살피는 투자자가 늘어날 것이다. 그런 의미에서 미국의 주가 상승은 앞으로 점점 더 어려워지리라고 예상된다.

금리 하락이나 자사주 매입은 주가를 일시적으로 상승시키기도

하지만 여기에는 분명 한계가 있다. 실물경제가 회복되고 기업의 이익이 향상되기 전까지 주식의 자산 가치는 상승하기 어렵다. 고용 확대와 자산가치 상승이라는 두 가지 엔진이 갖추어지지 않는 한 미국의 본격적인 경기 회복은 기대할 수 없다.

미국의 장기 침체,
그 끝은?

세계 경제의 전환기를 맞아 미국 기업가들의 경영 마인드도 변하고 있다. 금융위기라는 대혼란을 경험한 기업들이 경영 목표를 '성장'에서 '안정'으로 옮기는 추세에 있다.

예를 들어 각 기업은 현금 확보로 내부 유보금을 늘려 금융위기 같은 사태가 일어나도 끄떡없을 만큼 재무 기반을 구축하기 위해 노력한다. 실제로 2009년 말 미국 기업의 현금 보유액은 1조 5,400억 달러로 역대 최고에 달했다. 이는 많은 기업이 현금흐름을 원활히 유지하고 재무 개선을 추진한 결과였다.

이러한 보유자금이 노동자의 임금으로 흘러가면 좋으련만 안타

깝게도 경영자들은 달러 약세를 기회 삼아 해외 진출 활로를 찾고 있다. 가령 큰 폭으로 수익이 늘고 있는 국내선 전문 사우스웨스트 항공의 CEO도 국제선 참여를 검토하고 있다. 이것은 비록 지금은 순조롭지만 미국 내 소비자만 바라보고 있다가는 지속적인 성장을 기대할 수 없다는 판단에서 비롯된 행동이다. 마찬가지 이유로 현재 내수에 집중하는 기업도 늦든 빠르든 해외에 진출할 것으로 보인다. 상황이 이렇다 보니 현지에서의 설비투자나 M&A 등에 대비하여, 국내 인건비를 줄여서라도 자금을 쌓아놓고 싶은 것이 경영자의 본심일 것이다.

미국의 경우 '설비, 고용, 채무'의 3대 과잉 중 채무는 기업이 아닌 가계가 짊어지고 있다. 고용과 임금이 늘어나지 않으면 가계는 빚을 줄일 수 없으므로 미국이 벌이는 디스인플레이션과의 싸움은 아무래도 장기화할 듯하다. 노동자의 임금이 오르기는커녕 떨어진다면 일시적으로 디플레이션에 빠질 가능성도 있다. 물론 미국은 일본만큼 심각한 디플레이션에 빠지지 않을지도 모르지만 일본과 비슷한 단계를 거쳐 장기간의 경기 침체에 직면할 것으로 보인다.

다만 미국은 일본보다 중소기업의 비율이 높지 않고 일본처럼 인구 감소 사회에 들어서지 않았다는 이점이 있다. 일본은 중소기업 비율이 90%인데 비해 미국은 50%를 약간 넘는 정도에 불과하다. 이는 미국이 일본보다 대출 억제의 영향을 적게 받는다는 것을 의미한다. 더구나 게다가 미국의 인구는 연간 약 300만 명 정도씩 늘고 있다. 그중 신생아는 120만 명이고 나머지 180만 명은 이민자다. 저출산 고령화가 빠른 속도로 진행되고 있는데도 이민을 받아들이는 데 소극적인 일본과는 크게 다르다. 따라서 일본과 달리 노동력 감소에 따른 생산력 저하나 내수 축소를 염려할 필요가 없다.

그렇지만 인구가 늘어나면 그 인구를 고용할 곳이 필요해진다. 이를 위해서는 2.5~3.0%의 실질경제 성장률이 필요하며 그 수치를 밑돌면 실업률이 높아진다. 결국 실물경제를 향상시키기 위한 결정타를 찾지 못하는 한, '미국이 완만하게 일본화하는 사태'를 피할 수 없을 것이다.

미국인의 노후는 어떻게 될 것인가?

앞서 FRB나 미국 정부가 금융위기의 이후 경기 침체에 지나치게 낙관적인 태도를 보인다고 지적했지만 비단 FRB와 정부만 그런 것은 아니다. 미 국민도 마찬가지다. 하지만 지금 같은 상황이 앞으로 3년 동안 지속된다면 낙관적인 미국인의 심리도 크게 바뀔 것이다.

거품 붕괴 이후 일본인의 반응 역시 미국인과 같았다. 누구나 대수롭지 않게 '몇 년만 지나면 경제가 다시 살아나겠지'라고 생각했다. 그런 상태가 10년, 20년 계속되리라고는 꿈에도 생각지 못했다. 거품 붕괴를 경험한 지 20년이 지난 현재 대다수 일본인이 '이제는 경제성장을 기대하기 어렵다'고 여기는 것도 무리는 아니다.

실물경제에서는 이런 심리가 가장 무서운 일이다. 소비행동의 근간에는 인간의 심리가 자리 잡고 있는데, 미래가 불안하면 사람들은 소비를 줄이게 되고 그 영향으로 기업 실적이 악화되며 이어 노동자의 임금이 떨어지는 악순환이 일어난다. 그 상태가 오래 지속될 경우 소비자 심리는 불안 속에서 심하게 위축되고 만다.

지금 미국인이 처한 심리상태는 1996년 무렵의 일본인과 비슷하다. 일본의 GDP 성장률은 1990년의 6.2%에서 1993년 마이너스로 떨어졌다가 1996년에 2.9%까지 회복했다. 1996년에는 니케이지수가 전년도의 1만 5,000엔을 돌파하고 2만 2,000엔 이상 치솟아 밝은 전망이 쏟아져 나오기도 했다. 그러나 그 후 일본 경제는 언덕을 굴러 내려오기 시작했다.

2010년 9월 미국도 GDP 성장률이 4분기 연속으로 플러스를 기록했고, 미국의 대표적 주가지수인 '다우존스 평균 주가'도 리먼 쇼크 이전 수준으로 회복됐다. FRB가 당분간 금융 완화 정책을 계속하겠다고 약속한데다 달러 약세 효과로 글로벌기업의 결산도 좋을 전망이라 일부 미국인 사이에 낙관적인 분위기가 느껴지기도 했다. 그러나 미국인의 심리 변화 징후는 이미 곳곳에서 드러나고 있다.

사실 미국은 최근 10년 동안 성장다운 성장을 하지 못했다. 2,000~2009년까지 10년간 미국의 GDP 성장률은 연평균 1.8%

에 지나지 않는다. 금융위기가 일어나기 전인 2007년까지 8년 동안에도 연평균 2.6%에 머물러 있었다. 2000년대에 세계 경제는 연평균 5%의 성장을 계속해왔지만 그것은 신흥국이나 개도국의 높은 성장률이 전체를 떠받친 숫자다. 5년 단위로 보든 10년 단위로 보든 미국의 성장률은 제2차 세계대전 이후 가장 낮은 추이를 보였다.

성장률뿐 아니라 주가도 전혀 오르지 않았다. 다우존스 평균 주가는 2000년 초 1만 달러 전후였으나 2009년 말에는 1만 400달러 전후로 10년 전 주가를 살짝 밑돌았다. S&P 500 지수는 1,500 전후에서 1,100 전후로 떨어졌고, 나스닥 종합주가지수도 지난 10년 간 4,000 전후에서 2,300 전후로 절반 가까이 폭락했다. 2010년 9월 말 현재 각각의 주가지수는 2009년 말보다 상승했지만 그래도 다우존스 평균 주가가 2000년 초와 유사한 수준으로 되돌아간 것에 불과하다.

실제로 미국의 성장력은 미국인이 생각하는 것보다 훨씬 더 약해지고 있다. 지금까지는 주택 거품이나 금융 경제 팽창으로 성장하고 있다는 착각에 빠졌을 뿐이고 실물경제는 그렇게 성장하지 않았다. 오히려 주가는 떨어지고 있다.

지금 미국의 파이낸셜 플래너들은 정년을 앞둔 세대에게 "아르바이트라도 좋으니 일을 찾으라"는 조언을 해준다고 한다. 금융위기가 일어나기 전까지만 해도 미국인은 '미국은 계속해서 번영할

다우존스 평균주가지수
(달러)
16,000
14,000
12,000
10,000
8,000
6,000
4,000
2,000
0
99 00 01 02 03 04 05 06 07 08 09 10 (년)

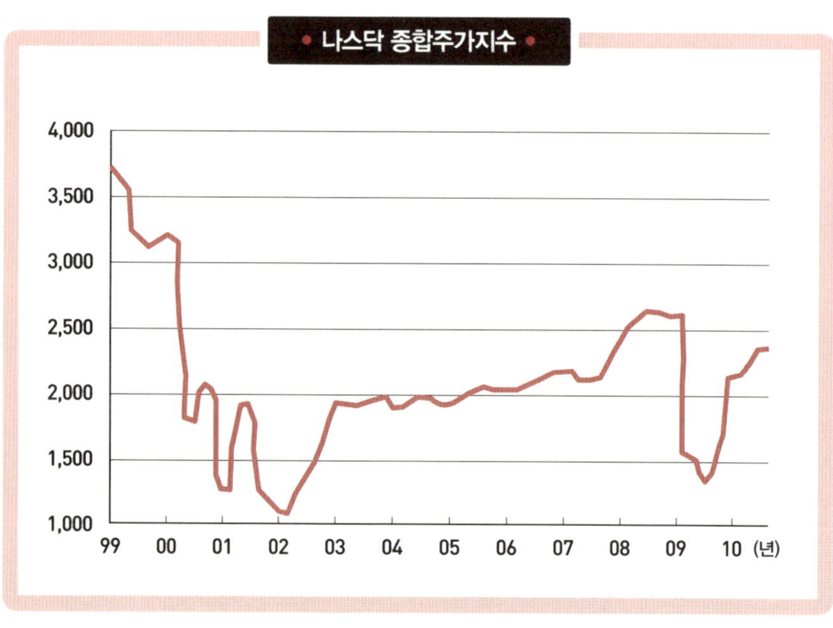

나스닥 종합주가지수
4,000
3,500
3,000
2,500
2,000
1,500
1,000
99 00 01 02 03 04 05 06 07 08 09 10 (년)

테니 주식만 있으면 노후도 안심'이라는 생각을 했었다. 노후의 자산설계는 당연히 주가 상승을 전제로 한 것이었다.

이미 설명한 것처럼 미국의 가계는 금융자산에서 주식 보유율이 높으며, 미국인의 라이프플랜은 주가의 움직임에 크게 좌우된다. 그런데 2008년부터 주가가 급락하여 금융자산이 큰 손실을 입은 데다 앞으로도 주가 상승을 기대하기 어렵다면 '자산 운용으로 여유로운 노후생활 보내기' 플랜은 수정해야 한다. 노부부가 아르바이트를 권유받는 현실이 그들의 현주소를 잘 보여준다고 할 수 있다. 나아가 젊은 세대에게도 어느새 '우리의 노후는 어떻게 될 것인가' 하는 불안감이 퍼지고 있다.

일본에서는 오래 전부터 '젊은 세대가 소비를 하지 않는다'는 말이 들려왔는데, 미국의 젊은층도 같은 심리상태에 빠질 가능성이 있다. 그렇게 되면 미국인은 일본인과 마찬가지로 소비를 억제하고 저축을 늘릴 것이다. '빚을 내서라도 물건을 사는' 미국인의 왕성한 소비 의욕은 먼 과거의 일이 될지도 모른다.

꿈이 없는 세대의 탄생

불경기가 장기간 지속되면 소비 심리뿐 아니라 청년들의 동기와 의욕에도 큰 영향을 미친다.

지금까지 미국 사회는 '노력하면 보상받는다'는 자본주의 원칙이 실현되는 곳이었다. 덕분에 실력을 쌓아 성과를 내면 학력이나 인종에 관계 없이 누구나 그에 걸맞은 수입과 지위를 얻는 사회 풍토가 만들어져 왔다.

미국의 대표적인 대형 소매체인점 월마트에서 그 실례를 많이 찾아볼 수 있다. 월마트의 미국 내 점장 중 70% 이상은 시급 노동자에서 승진한 경우다. 2009년 회사 내 2인자의 자리에 오른 책임자는 에콰도르 출신의 이민자였고, 서열 3위에 오른 인물도 처음에는 아르바이트로 시작했다. 이러한 사례만 본다면 아메리칸 드림은 여전히 건재하는 듯하다. 그들의 모습은 무모한 레버리지 거래를 거듭하여 쉽게 돈을 버는 금융기관과 대조적이기 때문이다.

그러나 불경기가 오래 지속되면 미래에 대해 한창 열정을 불태워야 할 청년층이 동기부여를 받지 못할 우려가 있다. 기업이 임금을 삭감하고 성과를 내도 적절한 지위를 부여하지 않으면 '노력해도 소용없다'는 생각을 하게 된다. '꿈이 없는 세대'의 탄생은 아마도 미국이 가장 피하고 싶은 사태일 것이다. 큰 성과를 위해 노력하는 아메리칸 드림, 기성세대가 떠올리지 못하는 새로운 발상 및 발견에 따른 혁신 등 미국 경제성장의 원동력이던 요소들을 잃을 가능성이 크기 때문이다. 심지어 미국이라는 나라의 기반이 흔들릴 수도 있다.

그뿐 아니라 고용을 둘러싼 환경도 변하고 있다. 미국은 고용의 유연성이 높기 때문에 직장에 대한 가치관이 일본과 전혀 다르다. 지금 하는 일이 마음에 들지 않거나 좀 더 조건이 좋은 일이 생기면 미국인은 미련없이 직장을 옮긴다. 전직을 거듭하는 사람이 늘어날 경우 직원들은 안정적으로 일하지 못하고 계속해서 이직을 고려하거나 직장을 떠난다.

그런데 금융위기 이후 노동자의 이러한 의식에 변화가 일어나기 시작했다. 2010년 중반부터 고용통계의 전체적인 수치가 하락하는 가운데 인재파견업계의 고용 증가가 눈에 띈다. 덕분에 대형 인재파견업체인 '맨파워(Manpower)'와 'K포스'의 주가가 상승세를 타고 있다. 여기에는 중요한 의미가 내포되어 있다. 그것은 노동시장이 정규직 사원을 고용하는 대신 인재파견 등을 통한 단기 고용으로 변하고 있다는 사실이다. 지금까지는 일을 그만두더라도 다시 비슷한 조건의 일을 찾기가 그리 어렵지 않았다. 그러나 정규직 채용이 감소하는 사회적 추세로 인해 정사원직을 그만둔 후에는 파견 업무밖에 할 수 없는 경우가 늘고 있다.

파견 노동자의 마인드는 어느 나라에서든 크게 다르지 않을 것이다. 이들은 아무리 노력해도 보너스를 기대할 수 없고 오랫동안 근무해도 임금이 오른다는 보장이 없다. 아메리칸 드림을 기대하는 사람들이 그런 상황에서 의욕적으로 일할 수 있겠는가? 오히려 언제든 계약이 파기돼 실업자가 될지 모른다는 불안감에 시달리기 십상이다.

다른 한편으로 비정규직 노동자가 늘어나면 자신도 언제 같은 처지에 놓일지 모른다고 생각하는 정규직이 늘어난다. 이 경우 사회 전체에 미래에 대한 불안감이 퍼지고 더불어 소비를 줄이는 경향이 확산된다. 실제로 일본은 현재 '소비자의 소비 억제 → 기업의 수익 저하 → 고용 감소'라는 악순환의 늪에 빠져 있다. 그리고 미국은 서서히 일본의 전철을 밟고 있다.

정보화 사회가 경제에 미치는 악영향

'경제는 인간의 심리로 움직인다'는 것은 경제의 중요한 본질이다. 그런데 최근 들어 이러한 본질의 중요성이 더욱 뚜렷해진 듯하다. 그 배경에는 인터넷 발달에 따른 고도정보화 사회가 있다. 그리 오래지 않은 과거만 해도 지구 반대편에서 일어난 일이 전달되기까지는 어느 정도 시간이 필요했다. 그렇지만 지금은 지구상에서 일어나는 수많은 일을 언제 어디에서든 실시간으로 접할 수 있다.

워런 버핏이 거액의 자산을 형성하게 된 배경에는 제2차대전 이후 미국의 주가가 계속 상승했다는 점도 있지만 압도적인 정보 격차도 큰 역할을 했다. 거물 투자가나 부유층이 유리한 입장에서 투자를 할 수 있었던 비결은 일반인이 알지 못하는 정보에 밝았기 때문이다. 덕분에 워런 버핏 같은 특출한 투자가의 탄생이 가능했다. 정보화 사회는 이런 좋은 측면도 있지만 반대로 경제에 나쁜 영향도 끼친다.

고도정보화 사회의 폐해 중 하나는 사람들의 심리가 큰 폭으로 심각하게 흔들린다는 점이다. 즉, 넘쳐나는 정보의 홍수가 사람들의 머릿속을 가득 채우다 못해 가히 압도해버릴 위험성이 있다.

흥미롭게도 불경기일 때는 계속해서 나쁜 정보만 들어온다. 특히 인터넷을 이용하다 보면 신문이나 텔레비전에서는 볼 수 없던 나쁜 정보를 실시간으로 보게 된다. 자꾸만 부정적인 정보에 노출되면 작은 불안이 눈덩이처럼 불어날 수 있다. 이전 같으면 몰랐을 법한 정보를 실시간으로 알게 되면서 나쁜 것은 더욱 나쁘게, 두려운 것은 더욱 두렵게, 슬픈 것은 더욱 슬프게 느끼게 되는 것이다.

정보의 홍수로 증폭된 감정은 점차 그 사람의 내면에서 강화된다. 그렇게 되면 나쁜 점만 바라보던 심리상태는 좀처럼 좋은 방향으로 돌아서지 못한다. 이미 위축되기 시작한 미국인의 심리 역시 쉽게 긍정적으로 돌아서지 않을 것이다. 이것이 경제에 미치는 영향은 점점 심각해질 것이 틀림없다.

인간 심리의 측면에서 볼 때도 미국 경제의 전망은 그다지 밝지 않다.

더 이상 큰 정부는 없는가

세계 경제가 흔들릴 때마다 언론의 주목을 받는 IMF는 미국에 '2011년은 재정 재건을 위해 경기부양책을 축소해야 한다'는 취지의 권고를 했다. 사실 IMF의 최대 출자자는 미국이다. 따라서 대개는 미국의 뜻에 따라 움직이는 IMF가 긴축 재정을 촉구했다는 것은 미국의 재정 사정이 상당히 심각하다는 것을 의미한다.

물론 오바마 대통령은 경기부양책을 우선적으로 실행하고 싶겠지만 중간선거 패배 탓에 재정 재건 노선으로 전환할 가능성이 크다. 오바마 대통령이 목표로 하는 '큰 정부'는 주로 백인 중산층으로부터 격렬한 반발을 사고 있다. 오바마 대통령을 지지하지 않는 이들은 국민은 국가에 의존하지 않고 자력으로 앞길을 헤쳐가야 한다고 생각한다. 전 국민에게 의료보험을 적용하는 의료제도를 제정했을 때도 이들은 '세금 낭비'라는 비판을 쏟아냈다. 미국인 중에는 '노력한 사람만 보답받는 것이 당연하다. 왜 우리 돈으로 노력하지 않은 저소득층까지 구제해야 하는가?'라고 생각하는 사람이 많다.

실제로 미국 각지에서는 오바마 대통령의 정책에 비판적인 사람들이 '티파티'라는 풀뿌리 운동을 전개하고 있다. 전국적인 조직이 아니기 때문에 전체적인 상황을 파악하기는 어렵지만 중류층 이상 사람들의 참여가 많은 듯하다. 그렇다면 사회적인 파급 효과가 결코 작지 않을 것이다. 그중에는 '오바마는 사회주의자'라고 엄중히 규탄하는 사람들도 있다. 큰 정부에 대한 그들의 혐오감은 상당히 강하다.

이를 반영하듯 오바마 대통령의 지지율은 급격히 주저앉았다. 2010년 9월 여론조사에서 지지율은 취임 이후 최저인 46%, 지지하지 않는 비율은 최고 52%로 나타났다. 취임 직후 70%에 가깝던 높은 지지율이 국민의 기대가 실망으로 바뀌면서 급락한 것이다. 한 리서치 업체에 따르면 의료제도 개혁에 반대하는 유권자가 56%에 달한다고 한다.

과거에 전 국민 의료보험 도입을 내건 클린턴 대통령 역시 1기째의 중간선거에서 대패했다. 당시 야당인 공화당이 다수파가 되고 클린턴이 이끄는 민주당이 소수파가 되는 역전 현상이 일어나 국정 운영이 난항에 빠지기도 했다.

이후 클리턴은 '큰 정부'를 목표로 하는 정책을 차례차례 접을 수밖에 없었다. 심지어 취임 후 3년이 지나면서 클린턴 대통령 스스로 '큰 정부 시대는 끝났다'고 발언하기에 이르렀다.

중간선거를 끝낸 오바마 대통령도 같은 길을 따를 것으로 보인다. 분명 '큰 정부'를 포기하고 '작은 정부'를 목표로 하는 공화당과 협조하면서 재정 재건 우선 정책으로 전환하게 될 것이다.

미국이 재정 재건으로 방향을 틀면 국민이 쓸 수 있는 돈이 줄어들면서 소비는 위축된다. 더불어 미국의 무역 수입량도 감소한다. 그 영향을 크게 받는 나라는 대미 수출로 이익을 얻는 무역 흑자국, 즉 중국과 ASEAN 국가, 일본 등이 될 것이다. 글로벌 경제에서 초강대국인 미국의 수입량 감소는 최종적으로 무역 흑자국 이외의 국가들에도 부정적인 영향을 미친다.

미국의 재정 재건이 세계 경제에 어떠한 영향을 미칠지는 3장에서 유럽의 재정 재건과 관련하여 다시 살펴보겠다.

● **ASEAN** 동남아시아 국가 연합. 가맹국은 10개국으로 태국, 인도네시아, 싱가포르, 필리핀, 말레이시아, 브루나이, 캄보디아, 라오스, 미얀마, 베트남이다.
※ASEAN+3 동남아시아 국가 연합에 한국, 중국, 일본을 포함한다.

금융 블랙홀을 막을 수 있을까?

미국은 팽창하는 재정 적자 외에 또 하나의 큰 폭탄을 끌어안고 있다.

그것은 국책 모기지기관인 프레디 맥과 패니 메이 문제다. 두 기관은 금융기관의 주택대출 채권과 주택대출 담보증권을 사들이거나 보증해 국민의 주택 취득을 지원하고 있다. 기본 자금은 채권을 발행해 조달하는데 그 채권은 암묵적으로 미국 정부가 보증한다는 인식이 형성되어 있다. 그런데 서브프라임 사태로 거액의 손실을 계상하면서 채무가 초과되어 2008년 9월 양사 모두 정부의 관리를 받게 됐다. 이는 실질적인 국유화로 두 회사가 안고 있는 주택공사채는 곧 정부의 빚이 된다.

양사의 공사채 총액은 공적 관리 아래 놓인 시점에 무려 5조 달러에 달했다. 당시 미국 정부의 국채발행액 5조 달러와 같은 액수다. 미국 정부의 빚은 프레디 맥과 패니 메이의 채무가 더해지면서 단숨에 두 배로 불어났다. 공적 관리에 들어간 후에도 양사의 규모는 확대되어 2010년 3월 공사채 총액이 5조 5,000억 달러에 달했다. 양사는 상반기 결산을 발표할 때마다 채무가 초과되어 계속 추가 지원을 요청하고 있는 실정이다.

미국 정부는 2010년 9월 말 1,502억 달러의 공적 자금을 쏟아부었지만 양사의 건전성은 회복되지 않았다. 2010년 지불 지연율은 프레디 맥이 4%대, 패니 메이가 5%대로, 모두 2009년의 두 배 이상 연체율이 높아졌다. 5조 5,000억 달러는 일본의 GDP를 웃도는 규모다. 미국 정부는 그만큼의 자산이 조금씩 허물어지는 것을 그저 손 놓고 바라볼 수밖에 없다는 얘기다.

나는 프레디 맥과 패니 메이가 정부의 관리 아래 들어간 시점부터 이 문제의 심각성을 저서와 블로그에서 설명했다. 양사가 미국의 주택금융에서 결정적인 역할을 담당해왔기 때문이다. 신규 주택대출 10건 중 9건은 프레디 맥과 패니 메이가 공사채를 떠맡고 있다. 그야말로 이 두 회사가 주택시장의 운명을 쥐고 있는 셈이다.

양사에 투입될 공적 자금 총액이 최종적으로는 4,000억 달러에 이를 것이라는 추정치도 있고 1조 달러를 넘어설 거라는 의견도 있다. 추정치가 이렇게까지 차이 나는 이유는 그 진상이 겉으로 드러나지 않고 있기 때문이다. 다시 말해 미국이 얼마만큼의 세금을 프레디 맥과 패니 메이에 쏟아붓고 있는지 정확히 아는 사람은 아무도 없다.

미국의 금융 시스템에는 패니 메이와 프레디 맥이라는 터무니없이 거대한 구멍이 뚫려 있다. 그리고 그 구멍은 거액의 세금을 계속 빨아들이고 있다. 그야말로 '금융 블랙홀'이라고 불러야 할 상황이다.

미 정부와 의회는 양사의 근본적인 개혁을 모색하고 있지만 내가 볼 때는 어떤 개혁을 하든 실패할 것 같다. 근본적인 개혁을 하려면 미국 정부가 '암묵적 보증'을 그만두고 완전 민영화를 목표로 해야 한다. 그런데 '암묵적 보증'을 중단할 경우 미국 주택시장과 금융시장이 붕괴할 뿐 아니라 전 세계적으로 미증유의 금융위기가 발생하고 만다. 바로 이것이 미국을 옭아매는 딜레마다.

프레디 맥과 패니 메이의 사태가 이렇게까지 확대된 이유는 발행하는 채권에 정부의 '암묵적 보증'이 있다는 사람들의 인식 때문이다. 그 보증이 사라지면 양사의 채권을 사는 투자자는 급감하고 사업 지속 자체가 곤란해진다. 동시에 양사가 미국 주택대출의 90%를 떠안고 있으므로 주택시장 자체가 얼어붙으면서 양사의 이자 지불이 늦어지거나 원금 상황이 불가능해지는 디폴트를 우려하여 금융시장이 대폭락에 빠져든다.

물론 그 영향은 국내에만 머무르지 않고 전 세계에 파급된다. 실제로 전 세계의 투자자들이 두 회사의 사채에 거액의 자금을 투자했고, 그중에는 해외 중앙은행도 있다.

이런 까닭에 안이한 민영화는 세계 금융시장에 리먼 쇼크와는 비교도 되지 않을 만큼 엄청난 대참사를 일으킬 것이다. 완전한 민영화 수순을 밟더라도 이대로는 파산 처리와 다르지 않은 상황이 빚어진다.

그렇다면 정부 보증을 받는 공적 부문과 민영 부문으로 분할하는 방안이나 양사가 지금처럼 주택금융공사로서 정부에 보증료를 지불하는 방안은 어떨까? 어떤 방안이든 양사의 불량자산을 완전히 처리하지 않는 한 상황은 크게 달라지지 않는다. 어중간한 개혁안은 양사를 좀비 기업으로 만들 뿐이다. 이로 인해 국민의 세금이 끝없이 들어가면 점차 여론의 반발이 커지는 사태를 피할 수 없게 된다.

세계 경제에 미치는 영향을 고려하면 민영화를 해서도 안 되고 망하게 둘 수도 없다. 그렇다고 구제를 계속하자니 국민 여론이 만만치 않다. 딜레마에 빠진 미국 정부에 문제를 해결할 방법은 없다. 이 문제는 일본이 거품 붕괴 후에 경험한 주택전문 금융회사 처리보다 훨씬 더 심각하다. 그러니 무난한 해결 방법이 있을 리 없다.

유일한 해결 방법은 여론의 강한 반발을 각오하고 양사의 불량자산을 일소하기 위해 막대한 공적 자금을 투입하는 것이다. 그러나 이를 실행하려면 오바마 대통령이 정권 붕괴를 받아들일 각오로 의회와 협조하여 행동해야 한다.

공적 자금에 필요한 금액은 주택가격 하락에 비례해 팽창하고 있다. 늦으면 늦을수록 국민 부담이 커진다는 얘기다. 공적 자금 투입액이 4,000억 달러든 1조 달러든 바로 실행 준비를 시작해야 한다. 이것을 몇 년 후로 미뤘다가는 되돌릴 수 없는 사태에 빠지고 말 것이다.

그런데 오바마 대통령은 프레디 맥과 패니 메이 문제를 가능한 늦추고 싶어 하는 듯하다. 2010년 들어서 그의 발언에서 언뜻언뜻 그 마음이 드러나고 있다.

"주택시장의 공급 과잉을 지금 곧바로 해소할 수는 없다."

"우리는 주택시장의 구멍을 메울 수 없다."

"시간을 두고 안정될 때를 기다릴 수밖에 없다."

오바마 대통령은 주택시장에 몰아친 폭풍이 지나가기를 기다릴 수밖에 없다는 태도를 보이고 있다. 이는 곧 주택공사 문제를 뒤로 미루겠다는 의미이기도 하다.

미국은 세계의 경찰이기를 포기한다

지금까지 '세계의 경찰'임을 자부해온 미국은 막강한 군사력을 이용해 세계의 치안을 지키는 역할을 맡아왔다. 미군은 북미는 물론 남미, 유럽, 중동, 동아시아, 동남아시아, 호주 등 세계 각지에 주둔하면서 이라크나 아프가니스탄 같은 분쟁지역에 적극 개입해 미국이 바라는 세계의 안정을 이루려 했다. 그 때문에 국방비는 계속 늘어났고 2011년에는 약 7,000억 달러에 달했다. 그러나 경기가 악화된 상황에서 미국이 재정 재건에 나서면 군비도 성역이 될 수 없다. 만약 군비를 대폭 삭감한다면 미국은 '세계의 경찰' 역할을 포기할 수밖에 없을 것이다. 미국의 군비 축소나 병력 감축의 영향은 동맹국과 주둔국에 미치게 되는데 이는 일본도 마찬가지다.

하토야마 전 정권 시대에 후텐마 기지● 이전 문제가 불거졌다. 당시 나는 정치가와 국민의 반응을 보며 일본인에게는 '안전 보장은 경제 문제'라는 관점이 심각하게 결여되어 있음을 느꼈다. 일본이 전후 급속한 경제성장을 이루게 된 것은 미일 안보체제 덕분에 전쟁이나 분쟁에 휘말리는 리스크를 피할 수 있었기 때문이다. 일본은 외부로부터 가해지는 위협을 걱정하지 않고 경제 발전에만 집중할 수 있었다. 그 경제 효과는 수백조 엔 수준으로 끝나지 않는다.

일본은 미일 안보의 영향으로 많은 군비를 쓸 필요가 없었다는 점도 잊어서는 안 된다. 일본의 군비는 GDP의 1% 이하다. 미국의 군비는 GDP의 4%를 넘으며 주요 선진국은 2.5% 정도다. 일본은 국력에 비해 군비가 무척 적은 편이다. 이 점에서도 일본은 미국 덕을 보고 있다. 만약 미국이 군비를 삭감하고 주일 미군도 축소한다면 일본은 국방비를 늘려 스스로 나라를 지켜야 한다.

이 경우 일본은 재정 부담이 늘 뿐 아니라 안전도 위협받는 리스크를 안게 된다. 더불어 경제에 미치는 악영향도 만만치 않다.

일본뿐 아니라 미군이 주둔해 보호하던 나라는 어디든 똑같은 일이 일어날 수 있다. 특히 미군과 군사적 관계가 깊은 나라일수록 큰 영향을 받게 될 것이다.

무엇보다 염려스러운 것은 중국이 급속하게 군사력 확대를 추진하고 있다는 점이다. 중국은 2008년 미국에 이어 세계 제2위의 군사대국으로 도약했다. 2009년의 군비는 1,000억 달러 전후로 추정되며 이는 세계 군비의 6%에 해당한다. 세계 군비의 43%를 차지하는 미국에는 미치지 못하지만 미국이 재정 재건으로 전환하면 그 차이는 빠르게 줄어들 것이다. 중국의 군사력 확대는 주변국에 새로운 위협이 되고 있다. 미군에 기댈 수 없게 되면 주변국은 어쩔 수 없이 자국의 군비와 군대를 증강해야 한다. 아시아에서 군비 경쟁이 일어날지도 모를 일이다.

미국이 군사력을 축소할 경우 세계 치안이 악화되는 사태는 피할 수 없다. 중국이 군사력을 확대해 아시아 지역에서 도발적 행위를 거듭할지도 모른다. 또 미군이 철수한 후 아프가니스탄의 혼란이 심각해지고 새로운 테러나 분쟁 위협이 생겨날 수도 있다.

미국의 재정 재건은 이러한 연쇄 반응을 일으켜 세계 안전보장에 불안 요인으로 작용할 가능성이 크다. 세계의 안전보장이 위협받으면 세계 경제에 악영향을 미치리라는 것은 두말할 필요도 없다.

경제력이 약해져도
영향력은 커진다?

2007년까지만 해도 세계는 미국이라는 초강국의 압도적인 경제력을 중심으로 돌아갔다. 그러나 그 경제력은 마치 자전거처럼 계속 페달을 밟아야만 쓰러지지 않는 시스템으로 연명되었을 뿐이다. 즉, 미국이 대량 소비로 달러를 지불하면 미국에 수출해 그 달러를 벌어들인 국가들이 미 국채를 사서 유지되는 시스템이었다. 미국의 방탕을 다른 나라들이 돌봐주는 셈이었지만 어떤 의미에서는 미국이 세계의 안전보장을 맡고 있는 데 대한 대가라고 할 수도 있다.

그때까지만 해도 세계 경제는 미국을 중심으로 매끄럽게 돌아가는 듯 보였다. 그러나 주택과 금융 거품이 꺼지면서 왕성하던 국내 소비력이 약해진 미국은 이제 신흥국의 경제성장을 기대하는 처지에 놓여 있다. 더불어 미국의 세계 지배력은 약해졌고 경제에서는 오히려 중국이나 인도, 브라질 등의 입김이 세졌다.

그 상징적인 예가 세계 경제를 논하는 장이 G7, G8에서 G20으

로 서서히 커져갔다는 점이다. 이미 많은 전문가가 "미국에 집중된 일극 시대는 끝나고 다극화 시대로 이행했다"고 말한다. 분명 이대로라면 미국 경제는 장기 침체에 들어설 수밖에 없다. 그러면 정치력과 군사력의 약체화가 진행되고 세계를 쥐고 흔들던 패권은 과거의 영광이 될지도 모른다.

하지만 과연 그럴까? 아무리 미국의 경제력이 약해지더라도 연쇄성이 강한 글로벌 경제 하에서는 오히려 금융 및 경제에서 미국의 영향력이 역으로 강해지지 않을까?

예컨대 미국의 주가가 대폭락하면 덩달아 세계 각국의 주가도 대폭락한다. 특히 성장이 두드러진 신흥국 주식일수록 하락폭이 크다. 또한 미국의 내수가 극단적으로 감소할 경우 미국의 수입 물량이 격감하고 그 악영향은 다른 나라에 도미노처럼 번져가게 된다.

세계가 다극화 시대로 향하고 있는 것은 사실이지만 금융 및 경제에서 미국이 여전히 가장 중요한 위치를 차지하고 있다는 점은 달라지지 않았다. 글로벌 경제 하에서는 세계 전체에서 미국이 차지하는 경제규모 점유율이 줄어들지라도 그 영향력은 오히려 증가하리라고 본다.

제3장

유럽 경제의 미래

환경 정책 속에 숨은
유럽의 검은 의도

앞에서 미국은 금융위기 이후 '금융에서 환경으로'의 거대한 흐름 전환을 꾀하려 했다고 말했지만 사실 세계에서 환경 경제를 가장 바라는 곳은 유럽(EU)이다. 미국의 경우 환경 투자는 오바마 대통령이 그린 뉴딜 정책으로 500만 명의 고용 창출을 공약했듯 고용 정책으로서의 의미가 강하다. 그러나 유럽의 최종 목표는 환경을 토대로 새로운 돈의 흐름을 만들고 각 나라에 지금까지와 전혀 다른 수익 창출 기반을 일으키는 데 있다. 이를 위해 그들은 주식시장이나 채권시장 같은 기존의 금융 시스템을 대신할 거대한 시장, 즉 배출권 거래시장에 집중하고 있다.

배출권 거래는 국가나 기업 등에 일정량의 온실가스를 배출할 권리를 배당하고, 그 배출 한도를 초과한 자와 밑도는 자 간에 배출 권리를 매매하는 것이다. 그러면 전 세계 배출량이 자율적으로 조절되고 온실가스를 효율적으로 감축하게 된다는 것이 배출권 거래시장의 표면적 설명이다. 그러나 온실가스 감축을 목표로 하는 교토의정서 배출권 거래가 도입된 배경을 보면 '새로운 시스템을 기반으로 배출권 거래를 활용하여 수익을 창출하자'는 선진국의 사심이 숨어 있다.

특히 유럽 각국은 배출권 거래에 발빠르게 대응해 적극적으로 시장을 확대해왔다. 영국은 2002년 세계 최초로 국내 거래시장을 만들었다. 이어 2005년에는 유럽에서 인위적으로 배출권 시장을 형성하고 거래할 수 있도록 하는 유럽 배출권 거래 제도(EUETS, EU Emissions Trading Scheme)가 창설되었다. 지금은 EU에 소속된 27개 가맹국 외에 노르웨이, 리히텐슈타인, 아이슬란드가 2007년에 참가를 결정하는 등 규모가 점차 확대되고 있다. 미국에도 주(州)나 기업이 자주적으로 운영하는 배출권 거래시장이 있지만, 아직 그 실적이 한정적이라 배출권시장의 중심적인 역할은 EU가 담당하고 있다.

2009년 EUETS의 거래금액은 세계 시장의 68%를 차지했다. 그러나 EU가 그리는 최종적인 시나리오는 EUETS에 다른 국가와 지역의 배출권 거래시장을 연결시켜 세계 규모의 시장으로 키우는 데 있다. 이러한 목표를 달성하려면 EU는 신흥국이나 개도국을 이 새로운 판에 끌어들여야 한다. 이를 위해 유럽은 지구온난화 대책에 관한 세계적 합의를 이끌어내기 위해 노력하는 한편 그 포석도 깔아두었다.

2007년 노벨평화상을 IPCC와 당시 미국 부통령이던 엘 고어에게 수여한 것이 그 예라 하겠다. IPCC(IPCC, Intergovernmental Panel on Climate Change)는 기후 변동의 원인이나 영향을 평가 및 조언하는 국제기관으로 지구온난화에 관한 연구 활동도 실시한다. 노벨상 수여에는 유럽의 정치적 의도가 강하게 작용하기도 하는데 이 경우도 그렇다고 보면 틀림없다.

인간은 권위에 약한 동물이다. 특히 노벨상의 권위를 잘 알고 있는 전 세계인은 노벨상 수상자의 말에 절대적인 신뢰를 보낸다. 이를 증명하듯 노벨상을 수상한 IPCC와 엘 고어의 환경 정책은 단숨에 권위와 신뢰를 부여받았다. IPCC의 보고서는 이산화탄소 등 온실가스가 지구온난화의 원인이라는 것을 뒷받침하는 근거가 되었다. 고어는 지구온난화 방지를 위한 계몽 운동에 주력하며 온실가스 감축을 호소한 다큐멘터리 영화 〈불편한 진실〉을 세계적으로 대히트시켰다. 이렇게 해서 전 세계인은 '온실가스는 절대적으로 잘못이며 온실가스를 줄이기 위해 전 세계가 노력해야 한다'고 세뇌를 당했다.

노벨상의 영향력은 절대적이므로 선진국은 물론 그때까지 경제

● 배출권 거래의 구조 ●

A 국

CO_2 배출량 **12**
CO_2 배출권 **10**

(CO_2 배출량이 2 많음)

B 국

CO_2 배출량 **8**
CO_2 배출권 **10**

(CO_2 배출량이 2 적음)

A국의 생각

CO_2 배출량을 2 줄이는 비용보다
B국에서 배출권 2를 사는 편이 저렴하다면
배출권을 구입하겠다.

B국의 생각

CO_2 배출량을 적은 비용으로 줄일 수 있고
시장에서 비싸게 팔 수 있다면 CO_2 배출량을 더욱 줄여
CO_2 배출권을 팔겠다.

전체적으로 낮은 비용으로 CO_2를 줄일 수 있다!

발전을 앞세워 환경 문제에 무관심했던 신흥국과 개도국의 여론을 바꾸는 것도 기대할 수 있다. 사실 신흥국이나 개도국의 입장에서는 지금처럼 석유 등 화석연료에 의존해 공업화를 추진하는 편이 빠른 성장을 하는 데 도움이 되기 때문에 선진국과 함께 이산화탄소를 줄여야 할 이유가 없다. 그렇지만 "우리의 아이들과 후손을 위해 지구 환경을 지켜야 한다"는 호소는 가볍게 무시할 만한 이슈가 아니다. 한마디로 유럽은 지구와 인류를 인질로 전략을 펼치는 셈이다.

'지구온난화 대책'이 결코 아름답기만 한 것은 아니다. 사실 최근 몇 년 동안 세계적으로 환경 의식이 고양된 이유는 환경 경제로 수익을 창출하려는 유럽과 미국이 손을 썼기 때문이다.

환경 의식이 높아지고 신흥국과 개도국을 끌어들여 온실가스 감축을 바라는 분위기가 뜨거워질 경우 배출권 거래시장이 활성화될 확률이 높다. 그렇게 되면 EU의 의도대로 배출권 거래시장을 이용하여 큰 수익을 창출할 수 있게 된다.

이를 위해서는 세계 각국이 높은 감축 목표를 세우고 국가나 기업에 엄격하게 배출 한도를 배당해야 한다. 배출 규제 설정이 엄격할수록 목표 달성이 어려운 나라나 기업이 늘어나고, 이들이 다른 나라 혹은 기업에서 배출권을 사들일 필요성이 생기기 때문이다. 배출권 수요가 늘어나 가격이 뛴다면 거품이 형성되는 것도 불가능하지 않다.

한편 신흥국이나 개도국은 남아도는 배출 한도를 선진국에 팔아 자금을 얻고 경제를 더욱 성장시킬 수 있다. 풍족해진 신흥국과 개도국은 선진국에서 전기자동차나 에너지 절약형 전기제품 등을 구입하는 것은 물론 기업 유치와 기술 도입에 적극 나서고 이는 결과적으로 선진국에 큰 이익을 가져다준다. 유럽은 바로 이러한 시장구조를 노리고 있다.

IPCC 데이터에 의혹이 발각되다

유럽이 그린 시나리오는 2009년 12월에 개최된 제15차 기후변화 당사국 총회에서 절정에 이를 예정이었다. 이 총회의 목적은 교토의정서에 이어 지구온난화 방지를 위해 새로운 판을 짜는 데 있었다.

EU는 이미 2007년부터 '온실가스 배출량을 2000년까지 1990년 대비 20% 이상 감축한다'는 높은 목표를 내세웠다. 2009년 12월 덴마크 수도 코펜하겐에서 열린 UN기후변화 회의, COP15에서는 다른 나라에도 동등한 노력을 요구할 예정이었다. 의장국인 덴마크가 당초 준비한 합의문서 초안에는 '전 세계 온실가스 배출량을 2050년까지 1990년 대비 50% 감축한다'는 높은 목표가 포함되어 있었다. 190여 나라와 지역이 참가하는 COP15에서 이 합의서가 채택되면 배출권 거래시장이 한층 더 확대될 터였다. 그런데 회의 개최 직전 선진국과 신흥국, 개도국 사이에 균열이 발생하는 사태가 벌어졌다. 바로 IPCC 데이터 날조 의혹이 발각된 것이다.

IPCC의 보고서는 '이산화탄소가 증가한 주요 원인은 화석연료에 있으며 인간의 활동이 지구온난화를 진행시키고 있다'고 결론짓고 있다. 이 보고서는 온난화 대책의 필요성을 뒷받침하는 중요한 근거가 되었다. 그러나 보고서에서 인용한 기온 변화 데이터가 의도적으로 날조되었을 수 있다는 의혹이 제기되었다.

그 소동은 IPCC의 온난화 연구 책임자인 어느 대학교수의 메일이 인터넷에 유출된 것에서 비롯됐다. 메일 내용 중에 '기온 저하를 감추는 트릭을 완료했다'는 문장이 있었던 것이다. 이에 따라 교수들이 근거 없는 데이터를 적당히 끼워 맞추어 최근 들어 지구의 기온이 급상승한 듯 보이도록 그래프를 만들어낸 것이 아닌지 의심하게 되었다. 언론을 통해 이 뉴스가 보도되면서 특히 유럽에 큰 소란이 일어났다.

실은 이전부터 IPCC의 보고서에 의문을 품고 비판적인 시각으로 바라보는 과학자와 연구자가 적지 않았다. 그럼에도 그러한 의견이 밖으로 잘 드러나지 않은 이유는 노벨평화상이 IPCC에 권위를 부여한데다 IPCC가 회의파 과학자에게 압력을 가했기 때문이라는 이야기도 전해진다.

이 소동으로 '지구온난화와 이산화탄소 배출량의 인과관계를 뒷받침하는 과학적 근거는 아무것도 없다'는 사실이 명확해졌다. 더불어 신흥국과 개도국은 선진국에 대한 불신감이 강해졌다. 그렇지 않아도 신흥국과 개도국은 "지금까지 이산화탄소가 증가한 이유는 산업혁명 이후 선진국이 공업화를 추진해온 결과"라고 주장하며 그 비용을 왜 자신들이 부담해야 하는지 불만을 품고 있던 터였다. 그럼에도 '지구 환경을 지키기 위해'라는 목소리 아래 의견 조율을 모색해왔는데 그 대의명분이 한꺼번에 무너져 내린 것이다.

신흥국과 개도국이 "무엇을 위한 이산화탄소 감축인가!"라며 뻣뻣하게 나오는 것도 무리는 아니다. IPCC가 정말로 데이터를 날조했다면 그 이유는 그것이 누군가의 이익이 되기 때문이다. 신흥국과 개도국이 선진국의 의도에 따른 조작이 아닌지 의혹의 눈길을 보낼 만한 상황인 셈이다.

결국 COP15는 실무그룹 단계에서부터 교섭에 난항을 겪었으며 의장단 회합에서도 실질적 성과를 내지 못한 채 끝났다. 어찌어찌 도출한 '코펜하겐 협정'에는 온실가스의 수치적 감축 목표가 포함되지 않았고 법적 구속력이 있는 규정도 내놓지 못했다. 한마디로 말해 유럽의 계획은 성과다운 성과를 아무것도 내지 못하고 깨끗이 실패로 끝났다.

그 후에도 '히말라야의 만년설이 2035년이면 사라진다'는 IPCC 보고서의 내용에 문제가 있다는 것이 밝혀지는 등 신뢰성이 흔들리는 스캔들이 이어졌다. IPCC는 외부 전문가로 구성된 제3자 기관을 세우는 등 활동의 투명성과 정당성을 입증하려 노력했지만 잃어버린 신뢰를 되찾기는 어려울 듯하다. 마찬가지로 신흥국이나 개도국의 선진국을 향한 불신을 씻는 데는 시간이 걸릴 것이다.

유럽이 바라는 배출권 거래시장을 수단으로 삼은 경제성장은 실현 가능성이 작아졌다.

문제를 바꿔치기하려는 유럽의 의도

유럽이 환경 경제로 전환하려는 목적은 새롭고 강력한 수익 기반을 만들어 세계 경제 패권을 미국과 나눠 갖는 데 있었던 듯하다. 유럽도 미국과 마찬가지로 기존의 제조업에서는 신흥국의 경쟁상대가 되지 못했고 금융업 편중 성장에도 한계를 느끼고 있었다. 이에 따라 환경과 금융을 조합한 새로운 산업을 도모할 수밖에 없는 상황이었다.

그러던 중 서브프라임 사태를 계기로 유럽의 금융 거품이 붕괴되면서, 환경 경제로의 전환이 그 어느 때보다 절실해졌다. 유럽의 금융기관은 여전히 거액의 불량자산과 불량채권을 끌어안고 있다. 유럽이 이 궁지에서 벗어나 부활하게 해줄 마지막 대역전 수단이 환경 경제였다. 미국이 환경 투자를 발판 삼아 세계 경제 주도권을 되찾으려 했듯, 유럽은 새로운 환경산업 부흥의 주체가 되어 세계에서 우위에 설 계획이었다. 그러나 신흥국과 개도국의 협조를 이끌어내지 못하면 유럽은 전략을 대폭 수정 및 재검토할 수밖에 없다.

현재 유럽은 환경 경제의 필요성을 어필하기 위해 '지구온난화 대책'에서 '탈석유에너지 추진'으로 전환하여 재정비를 도모하고 있다. 즉, 지금까지는 '지구 환경을 지키기 위해'라는 대의명분으로 신흥국과 개도국을 설득하려 했지만, 이제는 '석유 고갈에 대비하기 위해'라는 위기감 조장으로 교섭하려 한다.

전 세계의 석유가 언제쯤 고갈될지에 대해 과학적 근거를 바탕으로 제시된 것은 없다. 석유 매장량을 정확하게 파악하지 못한 까닭에 50년이니 100년이니 하는 말은 있지만 신빙성은 없는 실정이다.

그렇지만 언젠가는 석유가 고갈될 거라는 점은 누구나 알고 있다. 유럽은 언제가 될지 알 수 없는 그 불투명하고 모호한 상황을 이용해 다시 자신들이 목표로 하는 환경 경제로의 흐름을 만들려고 하는 것이다.

유럽 각국은 이미 배출권 거래시장 확대를 예상하고 정부와 민간이 함께 온난화 대책 사업에 거액을 투자했다. 이제 와서 그것

을 무를 수는 없는 노릇이다. 유럽이 다소 수상쩍은 수법을 동원

해서라도 환경 경제를 추진하려 애쓰는 이유가 바로 여기에 있다.

그리스 위기의 진상

2010년 유럽이 환경 경제를 향한 노력을 잠깐 미뤄둘 수밖에 없는 비상사태가 일어났다. '그리스 위기'가 발단이 된 '유럽 재정위기'가 발생한 것이다.

세계 금융위기 이후 유럽과 미국을 중심으로 한 선진국은 경영 위기에 빠진 금융기관에 공적 자금을 투입하는 한편, 대규모 경기부양책에 아낌없이 돈을 쏟아 부었다. 그 결과 세계적인 경기 후퇴와 주식시장 폭락을 방어하는 데 성공했다. 그러나 그 비용은 거액의 재정 적자로 남아 특히 유럽 각국을 무겁게 짓누르게 되었다.

나도 세계 동시 불황을 뛰어넘기 위한 재정 지출이 새로운 위기의 원인이 될 수 있다는 것을 저서 『서브프라임 이후의 신세계 경제』를 통해 지적했다. 다만 당초의 예상은 대규모 재정 지출을 하더라도 유럽 각국의 재정이 2013년 무렵까지는 유지될 것으로 보았다. 그러기에 그때까지 환경 경제를 활성화해 거품에 가까운 호황을 일으킨다면 각국 정부와 금융기관이 안고 있는 부채를 일소할 수 있을 것으로 내다봤다. 그리스의 재정 통계 분식 행위로 유럽의 재정위기가 3년이나 앞당겨지리라고는 전혀 예측하지 못했다.

2009년 10월 그리스의 정권이 교체되면서 국가가 안고 있는 재정 적자가 과거 정권이 공표한 액수보다 훨씬 크다는 사실이 드러났다. 전 정권은 재정 적자를 GDP 대비 5.4%라고 했지만 새로 공표된 수치는 GDP 대비 12.7%였다. 실제의 절반 이하로 분식을 조작했다는 얘기다. EU 경제에 이토록 심각한 리스크가 잠재해 있으리라고는 전 세계 누구도 예상하지 못했을 것이다.

그리스의 재정위기가 드러난 초기만 해도 이를 심각하게 받아들인 EU 관계자는 거의 없었다. 그리스의 GDP가 EU 전체에서 차지하는 비율이 2%, 유로존 전체에서도 2.7%에 지나지 않기 때문이다. 따라서 이 문제는 금방 해결할 수 있다는 것이 EU 내에서의 공통된 인식이었다. 물론 이것은 너무도 안이한 생각이었다.

세계 경제의 연쇄성을 이해했다면 이런 낙관적인 견해는 나오지 않았을 것이다. 그리스의 재정위기에 깜짝 놀란 금융시장은 다른 EU 재정도 엄중하게 분석하기 시작했다. 그리하여 스페인과 포르투갈, 아일랜드, 이탈리아 역시 재정 악화 상태라는 것이 드러났고 투자자들은 일제히 그리스와 이들 국가의 국채를 팔기 시작했다. 그 결과 각국의 국채 가격이 폭락하면서 유로 약세와 EU 각국의 주가 하락이 진행되어 유럽 경제는 위기에 직면하고 말았다.

그리스 한 나라의 경제규모는 EU 전체의 2%, 유로 전체의 2.7%지만, 재정 악화에 시달리는 PIIGS 5개국(포르투갈, 이탈리아, 아일랜드, 그리스, 스페인)을 합치면 경제규모가 EU 전체의 26%, 유로존 전체의 35%나 된다. 절대 가볍게 볼 수 있는 경제규모가 아니다.

EU와 유로의 신용 불안이 계속되는 가운데 EU 각국은 시장의 신뢰를 회복하기 위해 차례차례 긴축 재정 정책을 내놓았다.

문제의 발단이 된 그리스는 공무원 인건비와 공공사업비 삭감, 부가가치세 인상 등으로 2013년까지 3년 동안 GDP 대비 재정 적자를 현재의 12.7%에서 유로 가맹국 기준인 3% 이하로 낮출 계획이라고 밝혔다.

스페인은 2011년까지 GDP 대비 재정 적자를 현재의 11.4%에서 6%로, 포르투갈도 2011년까지 현재의 9.3%에서 4.6%로 줄이는 것을 목표로 하고 있다.

EU 최대의 경제대국이자 경상수지 흑자국인 독일까지도 긴축 재정 정책을 발표하면서 유럽 경제의 테마는 환경에서 결국 재정 재건으로 완전히 돌아서게 되었다.

　결국 2010년 6월에 개최된 G20에서 '선진국은 2013년까지 재정 적자를 반으로 줄인다'는 목표를 포함한 정상선언문을 채택할 만큼 재정 재건은 세계 경제의 일대 테마로 자리 잡았다.

유럽이 환경 경제를 포기하지 않는 이유

유럽이 환경 경제로 전환하는 시기는 빨라도 각국이 재정 재건 목표를 달성하는 2013년 이후로 미뤄질 것으로 보인다. 현재 유럽은 환경 경제를 육성하기 위한 재정 지출을 할 여유가 없다.

지금까지 유럽은 신흥국 및 개도국과 타협하여 온실가스 감축에 협조하는 대가로 환경기술을 이전하거나 자금 협력을 해왔다. 물론 그 비용은 대부분 유럽이 부담하고 있다.

그러나 유럽이 재정 재건을 우선시하게 된다면 이전처럼 재정 지출을 하기는 어려워진다. 이미 PIIGS 5개국뿐 아니라 영국이나 프랑스 등에서도 긴축 재정에 대한 국민의 불만이 높아지면서 대규모 시위와 파업이 일어나고 있다. 공무원의 임금을 동결하고 연금 수급 개시 연령을 늦추는 정책에 대한 반발은 상당하다. 국민이 뼈를 깎는 고통을 감내하는 상황에서 세금으로 신흥국과 개도국에 기술 이전 및 자금 협력을 하는 정부를 여론이 용납할 리 있겠는가. 유럽 각국은 이미 태양광 발전이나 풍력 발전 등 청정에너지 사업에 거액을 투자했는데, 이런 국가적 지원책도 2011년부터 규모를 축소할 수밖에 없는 상황이다. 유럽이 그린 시나리오는 과거의 일이 되어버렸다.

그렇다고 유럽이 환경 경제를 완전히 포기한 것은 아니다. 재정 재건이 끝난 후의 미래를 염두에 두고 여전히 환경 경제를 위한 포석을 깔아두려는 움직임을 보이고 있다. 예를 들면 2010년 7월 영국, 프랑스, 독일 3개국은 'EU의 2020년 온실가스 배출 감축 목표를 현재의 1990년 대비 20% 감축에서 30% 감축으로 끌어올려야 한다'는 성명을 발표했다.

유럽의 본심은 그 이유를 설명한 대목에서 고스란히 드러나고 있다. 그들은 성명에서 '현재의 목표는 기업의 환경 투자를 촉진하기에 너무 낮다'고 하면서 '미래 유럽의 고용과 성장, 에너지 안전보장을 위해서는 30% 감축 목표가 최적'이라고 했다. 즉, 목표치를 높이는 이유는 지구온난화 방지 때문이 아니라 유럽의 경제 활동을 활성화하기 위해서라고 당당히 인정한 것이다.

현재 EU 각국의 온실가스 배출량은 감소 추세에 있으며 교토의

정서에서 정한 2012년까지의 감축 목표도 달성할 것으로 보인다. 그런데 바로 여기에 의도치 않은 역설이 숨어 있다. 아이러니하게도 목표를 너무 쉽게 달성하는 바람에 유럽의 계획을 이루기 힘들게 된 것이다. 목표 달성이 어려워야 목표를 완수하기 위한 새로운 환경기술의 필요성이 강해지고 환경 분야에서의 경쟁이 격화돼 기술 혁신이 한 단계 진보하게 된다.

언젠가 다시 환경 경제로 전환하려는 시기가 왔을 때 다른 선진국보다 우위에 설만큼 기술력을 갖추자는 것이 유럽의 생각이다. 여기에는 유럽의 배출권 거래 제도가 세계 각지에 퍼지도록 선진국뿐 아니라 신흥국에도 작업을 해두려는 의도도 숨어 있다.

지금 당장은 재정 재건이라는 큰 흐름에 집중하겠지만 환경 경제의 기반을 닦기 위한 유럽의 물밑 작업은 이후로도 조용히 계속될 것이다.

유럽의 발목을 붙잡는 것은?

미국발 금융위기로 유럽도 미국과 마찬가지로 '설비, 고용, 채무'의 3대 과잉을 끌어안게 되었다. 그러나 유럽은 미국과 달리 세 가지 과잉을 모두 기업이 안고 있다. 거품 붕괴 이후 일본도 세 가지 과잉을 모두 기업이 끌어안고 있었으니 유럽은 미국보다 일본과 비슷한 셈이다.

그중에서도 금융기관이 안고 있는 과잉 채무와 고용은 심각하다. '금융 경제' 하면 보통 미국을 떠올리지만 사실 유럽도 상상을 초월할 정도로 금융 경제가 비대하다. 유럽의 금융기관은 미국 이상으로 레버리지를 활용하여 무모한 거래를 거듭해왔다.

미국이 주택과 금융의 복합 거품인 것과 달리 유럽은 금융 거품 자체가 부풀려진 상태였다. 금융 거품이 꺼지자 유럽의 금융기관은 거액의 불량자산과 불량채권을 끌어안게 되었다. 이에 따라 구조조정을 위한 대규모 인원 감축이 진행되었다.

이러한 금융기관의 상황이 일반 기업에 영향을 미치는 것은 당연하다. 미국의 기업은 주로 금융시장에서 자금을 조달하지만 유럽의 기업은 일본과 마찬가지로 은행에서 자금을 빌린다. 유럽은 대다수 기업이 은행융자에 의존하고 있다.

그런데 불량자산과 불량채권으로 은행의 재무가 악화되면 기업 융자에 신중해지는 것은 물론 재무 건전화를 추진하는 과정에서 기업에 대한 대출을 억제하게 된다. 그 결과 일반 기업은 차입금을 얻지 못하는 힘겨운 상황에 빠지거나 차입금 변제를 우선시하게 되어 사업규모 축소 및 고용 인원 감축에 돌입하게 된다. 심지어 성장 중인 기업까지도 융자를 얻지 못해 사업을 확대하고 고용을 늘릴 기회를 빼앗기고 만다.

특히 염려스러운 것은 청년층 실업률이 극도로 높은 수준이라는 사실이다. 2010년 EU는 계속해서 10% 전후로 높은 실업률을 보였는데 그중에서도 25세 이하 청년층의 실업률이 20%로 뛰어올랐다. 고용의 유연성이 높은 미국과 달리 유럽에서는 해고가 까다로운 고용제도를 채택한 나라가 많다. 그러다 보니 오랫동안 근무해온 중장년층을 해고하기 어려워 청년층 신규 채용을 줄일 수밖에 없는 상황이다. 그 영향으로 근로 의욕이 낮은 세대, 꿈이 없는 세대가 생기는 것은 미래 경제를 생각할 때 큰 걱정거리다. 이것은 일본과 유사한 상황이라 하겠다.

유럽은 전통적으로 '큰 정부'를 지향한다. 각국 정부는 의료보험이나 연금 등 두터운 사회보장 방안을 마련하여 국민이 안심하고 안정적으로 생활할 수 있도록 하는 데 주안점을 둔다. 그러나 대다수 유럽 국가의 재정 적자가 팽창하는 현실을 고려하면 각국 정부가 국민에게 세수에 걸맞지 않게 과도한 보장을 해주는 것이 아닌가 싶다.

역으로 말하면 국민이 자신들이 벌어들이는 것 이상으로 보장받길 바라는 것이라고 할 수 있다. 그리스나 스페인 등 남유럽 여러 나라를 중심으로 긴축 재정에 반대하는 데모와 파업이 이어지고 있는 상황은 국민의 그러한 바람이 표출된 것이다. 유럽에서 벌어지는 데모와 파업에는 국가의 두터운 보장을 받는 것이 당연한 권리라고 생각하는 국민성이 자리 잡고 있다.

재정 재건을 추진하려는 유럽에서는 '큰 정부'를 바라는 국민의 과도한 기대가 최대의 걸림돌이 될지도 모른다.

ECB의 안일함이 낳은 디플레이션 위기

ECB의 금융 정책은 서브프라임 사태가 일어난 초기부터 실패의 연속이었다. 경기가 좋을 때든 나쁠 때든 ECB는 낙관적인 전망을 하는 경향이 강하다. 그 때문에 ECB의 경기 예측은 2008년 이후로 하향 수정을 거듭해왔다.

선례를 통해 교훈을 배우려는 자세를 전혀 보이지 않는 ECB의 금융 정책은 늘 뒷북을 친다. 서브프라임 사태가 발생했을 때 FRB가 사태를 낙관적으로 보고 정책을 찔끔찔끔 내놓은 탓에 상황은 리먼 쇼크와 세계 금융위기로 번져 나가고 말았다. 그 진행 과정을 뻔히 보았음에도 불구하고 ECB는 그리스 문제가 발각된 후

'EU 내부에서 문제없이 처리할 수 있을 것'이라는 느긋한 생각으로 아무런 정책도 내놓지 않았다. 그 실수로 시장에서는 PIIGS 국가의 국채가 매도되고 유로와 주가도 전면 하락하는 사태가 벌어졌다.

그리스 문제가 유로 위기로 발전한 후에도 ECB는 여전히 우왕좌왕이다. ECB는 당초 금융기관에 자금을 공급할 때 그리스나 스페인처럼 등급이 낮은 국채는 담보로 받아들이지 않았다. 그러나 그리스 국채가 신용등급이 낮고 이자율이 높은 채권인 '정크본드'로 격하되자 어쩔 수 없이 담보기준을 완화하고 아무리 등급이 낮은 국채라도 받아들이겠다는 결정을 내렸다. 그뿐 아니라 처음에는 IMF가 그리스에 지원하는 데 반대했지만 최종적으로는 용인했다. ECB 스스로 유로존 국채를 매입하는 것도 거부하다가 결국은 매입하기로 결정했다.

나는 ECB가 취한 행동이 결과적으로 잘못은 아니었다고 생각한다. 그러나 처음엔 반대했다가 시장의 재촉을 받아들여 방침을 전환하는 모습은 바람직하지 않았다고 본다. ECB의 판단보다 시장의 판단이 항상 옳다는 것을 ECB 스스로 증명한 셈이기 때문이다.

교훈에서 배우지 못하는 ECB의 체질은 일본은행과 완전히 닮은 꼴이다. 일본은행도 1990년대 거품 붕괴 이후 끝도 없이 실패를 거듭해왔다.

ECB와 일본은행은 공통적으로 세 가지의 문제를 드러냈다. 그

것은 경제의 큰 흐름을 포착하지 못했다는 점과 시장 동향을 읽지 못했다는 점, 그리고 인플레이션의 공포에 세뇌당했다는 점이다.

앞의 두 가지 문제는 과거의 ECB 실패에 명확히 나타나 있으며, 마지막 문제는 '중앙은행의 최대 사명은 인플레이션을 억제하는 것'이라는 낡은 고정관념에 사로잡혀 시대에 맞추어 적절히 대응하지 못하는 모습에서 드러난다. '금리를 내리고 싶지 않다'는 잘못된 생각이 그 대표적 예로, 이런 사고방식은 금융 정책을 크게 왜곡시키는 원인이 되었다.

2010년 9월, ECB는 오랜만에 유로존 전망치를 상향 조정했다. 이는 유로의 약세로 독일과 프랑스 등의 수출이 확대된 덕분에 유로존 전체의 GDP 성장률이 바닥을 벗어난 결과일 뿐, ECB의 정책이 일구어낸 성과가 아니다. 통화 약세에만 의존한 경기 회복에는 한계가 있으므로 언젠가 다시 ECB가 전망치를 하향 조정할 시기가 올 것이다. 문제는 ECB의 트리셰 총재가 이 시기에 인플레이션을 걱정하고 있다는 사실이다.

국가가 파산하는 경우를 제외하고 노동자의 임금이 상승하지 않으면 인플레이션은 일어날 수 없다. 현재 유럽에서는 실업률이 고공행진 중이고 고용 개선 가능성이 보이지 않는 가운데 여러 나라에서 줄줄이 긴축 재정안을 내놓고 있다. 아무리 생각해도 현재의 유로존에는 인플레이션에 빠져들 요인이 보이지 않는다. 오히려 디스인플레이션이나 디플레이션이 걱정인데, 지금도 인플레이션

을 염려하는 ECB 총재의 고민은 핵심을 벗어났다고 할 수밖에 없
다.

　재정 재건의 악영향에 대해서도 ECB는 과소평가를 하고 있다.
트리셰 총재는 '증세를 하더라도 생활이 안정될 거라는 기대 심리
로 결국 경기는 좋아질 것'이라고 발언했지만 경제의 본질에서 볼
때 증세는 정반대의 결과를 일으킨다. 증세와 세출 삭감을 동시에
실시하는 엄격한 재정 재건은 소비를 냉각시키고 경기를 악화시
키는 사태를 피할 수 없다.

　ECB가 경제와 시장의 큰 흐름을 따라잡지 못하고 일어날 리 없
는 인플레이션에 신경을 곤두세우고 있으면, 유럽 경제는 디스인
플레이션이나 디플레이션에 빠질 리크스가 점차 높아질 것이다.
일본의 선례를 고려할 때 경제나 사회 시스템에서 일본과 유사한
유럽은 미국보다 디플레이션에 더 가까이 있다고 볼 수 있다.

디플레이션에 들어선 스페인

경기 회복을 위해서는 재정 지출을 통한 경기부양책과 중앙은행의 금융 완화를 동시에 추진하는 것이 바람직하다. 그러나 EU 전체에서 2013년까지 재정 적자를 반으로 줄이겠다는 약속을 내건 이상 재정을 악화시키는 경기부양책에 의존하기는 어렵다. 결국 금융 완화에 큰 기대를 걸게 되는데, 2장에서 설명했듯 금융 정책만으로는 경기 회복도 물가 하락을 멈추는 것도 불가능하다. 그래도 다른 수단이 없는 ECB는 경기가 회복될 때까지 금융 완화를 계속할 수밖에 없다.

단일통화인 유로 약세가 지속되는 상황을 방치하면 유로존 내의 경상수지 흑자국과 경상수지 적자국 사이에 격차가 커진다. 경상수지 흑자국은 통화 약세로 수출이 확대되어 외수를 통해 이익을 낼 수 있지만, 경상수지 적자국은 통화 약세 탓에 수입 적자가 커진다. 양자의 격차 확대는 앞으로 유로존 경제에 족쇄가 될 우려도 있다.

더구나 유로존 내의 경상수지 적자국은 역사적으로 유효했던 수단을 적용할 수 없다. 과거 위기에 직면한 나라들은 금융 완화나 통화 평가절하를 통해 자국의 통화 약세를 유도하고 수출을 확대함으로써 경제와 재정을 바로잡았다. 그렇지만 통화가 통일된 이상 그리스나 포르투갈, 스페인 등 경상수지 적자국은 이같은 방법을 쓸 수 없다. 유로 약세가 진행되면 독일과 프랑스 같은 경상수지 흑자국만 환율 혜택을 보고 경상수지 적자국은 오히려 경쟁력이 떨어지게 된다. 이 문제는 '통화는 통일되었지만 재정은 제각각'인 유로존이 안고 있는 구조적 모순이다. 통화뿐 아니라 재정이 하나가 되지 않는 한 이 문제는 해결할 수 없다.

그러면 그리스나 포르투갈, 스페인 같은 국가는 경상수지 적자를 어떻게 메워야 할까? 무엇보다 국내 노동자의 임금을 내려야 한다. 애초에 경상수지 적자를 안고 있는 나라의 국민은 국가의 수입에 걸맞은 생활을 하지 않은 셈이다. 그러나 임금 인하는 소비 감소로 이어지고 디플레이션에 빠질 가능성은 점점 커진다.

이미 스페인에서는 2010년 4월의 소비자물가지수가 25년 만에 전년도 대비 마이너스로 돌아섰다. 스페인은 디플레이션의 입구에 잠깐이나마 발을 들여놓았던 것이다.

2011년 이후 경상수지 적자국에서 본격적으로 노동자의 임금 조정을 진행하면 좋든 싫든 디플레이션 우려는 커질 수밖에 없다. 디플레이션에 빠지지 않고 디스인플레이션에서 끝낼 수 있을지 어떨지, 중요한 고비가 다가오고 있다.

독일과 프랑스는
안전한가?

유로 약세가 진행된 2010년 4~6월, 독일과 프랑스의 수출 기업은 일제히 실적이 상승했다. 프랑스의 대형 제약회사인 사노피 아벤티스는 전년도 같은 시기 대비 순이익이 60% 증가했다. 명품 기업 루이비통 모에 헤네시(LVMH)도 53%의 수익 증가를 달성했다. 독일의 자동차 업체 폭스바겐은 순이익이 전년도 같은 시기에 비해 4배가 되었고 BMW는 수익이 7배나 급증했다. 유로존에서 수출산업에 강한 독일이 가장 많은 혜택을 본 것이다. 이러한 흐름 덕에 주식시장도 호전되어 DAX지수가 2010년 5월의 5,607이라는 낮은 수준에서 8월에는 6,386까지 회복됐다. DAX지수는 독일의 프랑크푸르트 증권거래소에 상장된 주식 중 우량주 30개를 대상으로 한 대표적 주가지수다.

2010년 4~6월, 독일은 GDP 성장률도 1~3월에 비해 2.2% 증가했다. 분기별 성장률 기준으로는 1990년 독일 통일 이후 최고의 성장률을 기록했다. 이는 연율 환산으로 9%에 가까운 성장이다.

최대의 경제력을 자랑하는 독일의 수출 확대로 유로존 16개국의 4~6월 GDP도 1~3월에 비해 1.0% 상승했다. 마찬가지로 영국

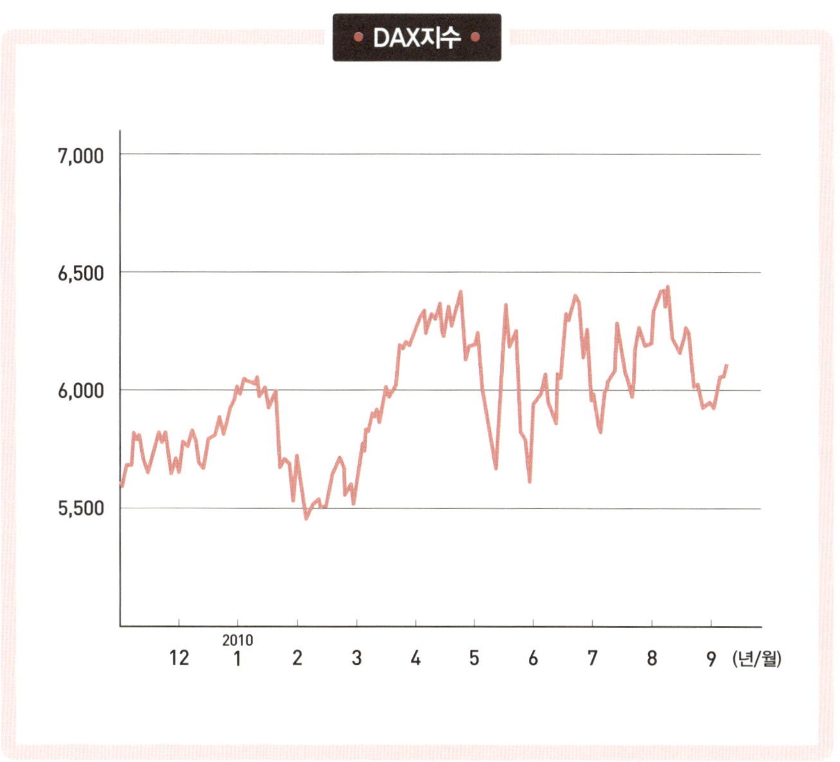

과 스웨덴 등을 포함한 EU 27개국의 GDP도 1.0%의 성장을 달성했다. 연율로 환산하면 모두 4% 정도의 성장이다.

이와 같이 경상수지 흑자국은 수출 확대의 수혜를 받아 경기 회복과 노동자 임금 상승을 기대할 수 있다. 덕분에 소비도 확대되어 건전한 인플레이션 상태를 유지하게 된다.

반면 경상수지 적자국인 그리스는 4~6월 GDP가 1.5% 마이너스 성장을 보였고 스페인도 0.2%로 저조한 성장에 머물렀다. 유로존 내에서의 격차 확대가 수치상으로도 현저하게 나타나고 있음을 볼 수 있다.

EU에서는 유로존의 2010년 GDP 성장률을 1.7%로 예측했다. 국가별로 보면 성장을 견인하는 독일이 3.4%, 프랑스가 1.6%로 높은 성장률을 예상한 반면, 20%가 넘는 높은 실업률로 고통을 겪고 있는 스페인은 0.3% 마이너스 성장을 예측했다. 같은 통화권 내에서도 대국들의 성장률 차이가 4% 가까이 벌어지는 셈이다. 커다란 적자를 끌어안은 그리스나 스페인, 포르투갈 등 남유럽 국가와 생산성이 높고 수출을 통해 수익을 올리는 독일, 프랑스 사이의 격차는 이후로도 확대될 것으로 보인다.

이 정도로 격차와 어긋남을 안은 채 EU 전체가 지속적인 경제성장을 이루기는 어렵다. 언젠가 남유럽 국가들의 마이너스 성장과 디플레이션 경향이 EU 전체의 발목을 잡고, 독일이나 프랑스 등 경상수지 흑자국에도 악영향을 미칠 것이다.

EU 경기 악화는
세계로 파급된다

재무가 악화되자 독일이나 프랑스의 금융기관은 기업에 융자하는 리스크를 안기보다 국채를 사서 확실한 이윤을 챙기려는 경향이 강해졌다. 유로존 금융기관의 국채 보유액은 2010년 5월 현재 1조 5,600억 유로에 달하며 미국, 일본에 이어 역대 최고 수준을 갱신 중이다. 금융기관에 특히 인기가 있는 것은 유럽에서 경제규모가 가장 큰 독일 국채다. 재무위기에 직면한 남유럽 국가들의 국채에 비해 신용 등급도 높은 독일 국채의 인기는 더욱 높아질 듯하다. 그 때문에 독일 국채의 이자율은 계속 떨어져 2010년 8월에는 10년 만기 국채 이자율(장기금리)이 2.09%로 동서독 통합

이래 최저치를 보이고 있다. 장기금리가 떨어지면 금융기관은 대출이익 폭이 줄어들어 수익 기반이 서서히 무너진다. 그렇게 되면 대출을 해줘도 이익이 없으므로 금융기관은 고용을 책임지는 중소기업에 융자를 해주지 않는다. 이 경우 설령 경제가 호황일지라도 노동자의 임금 상승을 위한 돈이 돌지 않게 된다. 따라서 독일 같은 경상수지 흑자국도 디플레이션까지는 아니어도 디스인플레이션 가능성이 있다.

통화 약세에 따른 효과도 길게 지속되지 않는다. 길어야 1~2년이 고작이다. 이미 설명했듯 지금은 다른 나라의 통화 약세를 오랫동안 묵인하는 국가가 거의 없기 때문이다. 미국은 유럽과 달리 금융 완화 규모를 확대하는 중이고 유로는 이미 달러 대비 상승 기조에 들어섰다. 조만간 신흥국은 달러뿐 아니라 유로에도 환율 개입을 해서 유로 약세를 되돌릴 것이다. 또한 많은 신흥국이 브라질처럼 해외에서 들어오는 자금에 세금을 부과하여 자국 통화 강세를 막을지도 모른다.

한편 유럽의 긴축 재정이 본격화하면 EU 각국의 경제규모가 축소되면서 유로나 파운드화 약세 효과를 볼 수 있다. EU가 의도하지 않더라도 긴축 재정은 미국의 금융 완화나 신흥국의 환율 개입에 대항하는 조치가 되는 셈이다. 그런데 이것은 세계의 통화 약세 경쟁을 가중시키는 요인이기도 하다.

2011년부터 EU 가맹국들은 세출 축소와 증세를 동반하는 재정

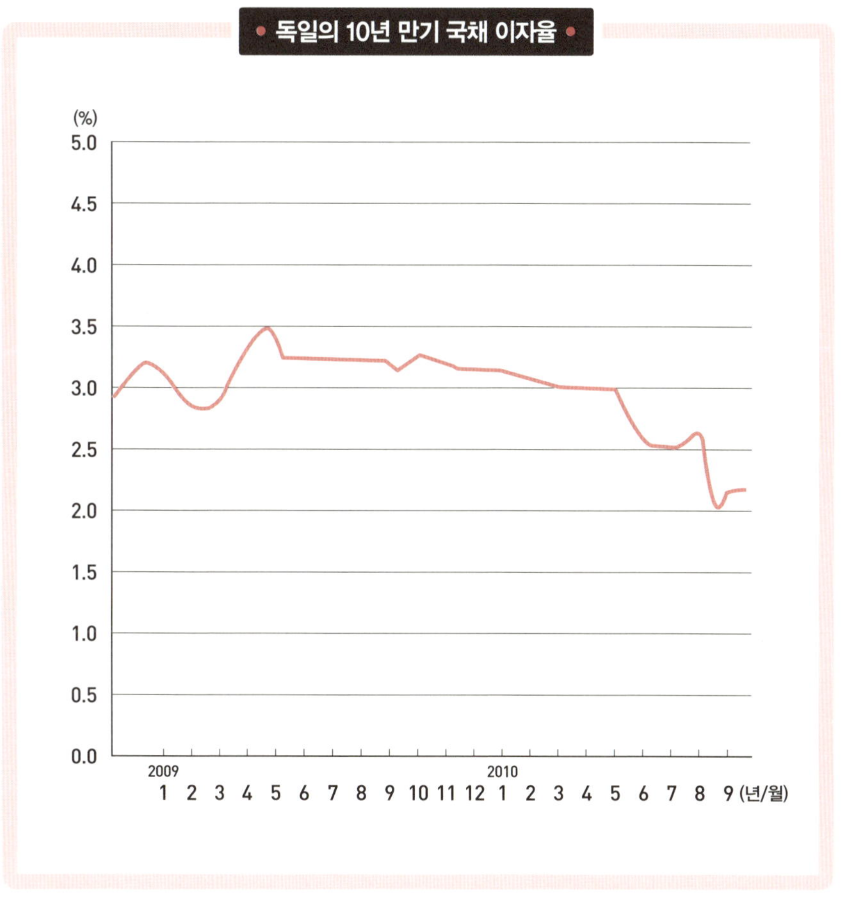

재건을 개시하기로 했다. 그로 인해 EU 전체에서 각 나라 국민의 소비가 감소하여 지역 내외를 막론하고 EU의 무역이 정체될 가능성이 커졌다. EU 중에서도 가장 엄격한 긴축 재정이 필요한 남유럽 국가들은 국민의 가처분소득이 대폭 감소하고 수입이 크게 줄어들 것으로 보인다. 사실 EU의 최대 수출처이자 최대 수입처는

EU이기에 긴축 재정의 영향은 제일 먼저 EU 내 무역에 타격을 입힐 것이다.

EU 내에서는 가맹국 간 관세가 없기 때문에 지역 내에서 이루어지는 무역량이 많다. 2008년, 2009년의 총수출 금액에서 지역 내 수출 비율은 3분의 2를 차지했고, 총수입 금액에서 차지하는 지역 내 수입 비율도 3분의 2였다. EU 각국에서 사람들이 소비를 억제하면 지역 내 무역이 전체적으로 축소된다. 이는 결과적으로 수출로 수익을 올리는 독일이나 프랑스의 경제에 영향을 미치게 된다.

EU 바깥지역과의 무역도 약간의 시간차를 두고 축소될 것이다. 특히 EU를 최대 수출처로 삼고 있는 중국이 수출 감소를 피할 수 없게 될 전망이다. 그 영향은 연대작용을 일으켜 중국을 최대 수출처로 하는 일본의 수출 감소로 이어지게 된다.

미국이 유럽의 재정 재건을 따를 경우 부정적 연쇄는 상승효과를 보이면서 다른 선진국이나 신흥국에 파급되고 만다. 유럽에서 시작된 경기 악화가 전 세계를 끌어들여 마침내 유로 약세가 조정되기에 이르는 것이다. 2011년 이후의 세계 경제는 통화 약세에 기댄 경기 회복이 지속되지 않을 것으로 전망된다.

긴축 재정에 대한 국민의 반응

유럽의 기업가들은 지금 무슨 생각을 하고 있을까? 전 세계 기업가가 추구하는 것은 거의 공통적이다. 기업은 3대 과잉을 해소하기 위해 인건비나 설비투자를 줄여 매출이 줄더라도 이익이 날 수 있는 재무 체질을 만들고자 한다. 그리고 이익이 나도 종업원에게 환원하지 않고 비상시를 위해 보유한다. 특히 채무가 많은 경우에는 채무 변제를 우선시한다.

기업이 그런 노력을 하는 가운데 뜻하지 않게 유럽의 재정위기가 발생하면서 유로 약세가 진행되었다. 이때 많은 기업이 심각한 내수 부족으로 고민했지만, 일부 기업은 통화 약세 덕에 해외 수익을 확대할 기회를 얻게 되었다. 내수 부족에 시달리는 기업은 EU 지역바깥에서 활로를 찾아내 신흥국을 중심으로 해외 진출을 가속화할 수밖에 없다. 그러면 해외 고용은 늘지만 국내 고용은 생각만큼 늘지 않고 국내 노동자의 임금도 이전처럼 오르지 않는다.

기업가는 경기부양책의 반작용도 상당히 걱정하고 있다. 특히 대표적인 경기부양책이던 유럽 각국의 신차 재구매 보조제도가 2009년 9월 이후 단계적으로 축소 및 폐지되면서 유럽의 신차 판매 대수는 2010년 9월 현재 전년 같은 시기 대비 6개월 연속 감소했다. 이후 몇 년 동안은 수요를 미리 당겨쓴 반작용을 각오해야만 한다. 자동차 산업은 관련 분야가 넓어서 다른 산업에 대한 파급 효과가 크기 때문에 국내 투자나 증원을 할 때는 신중하게 임해야 한다.

그러면 기업가에게 기대할 수 없게 된 유럽 각국 국민의 심리는 어떻게 변하고 있을까? 지금까지 대다수 유럽 국가의 국민은 큰 정부로부터 두터운 사회보장 혜택을 받아왔다. 그중에서도 남유럽 국가들은 국가 전체의 생산성이 낮아 세수가 적었음에도 국민은 그에 걸맞지 않게 윤택한 생활을 해왔다. 그런데 그런 혜택을 당연하게 여기는 그들은 재정 재건을 위해 공무원 임금 삭감, 부가가치세 인상 등의 계획을 발표하자마자 거세게 반발했다.

특히 그리스는 공무원이 전 노동인구의 20% 이상을 차지할 만큼 그 수가 많고 높은 대우를 받고 있다. 공무원의 급여, 수당, 연금이 정부 지출의 40%를 차지한다는 보고가 있을 정도다. 공무원 관계 지출은 분명 재정 악화 요인 중 하나지만 공무원은 여전히 데모와 파업을 빈번하게 결행하면서 자신들의 권리를 지키려 하고 있다.

이러한 국민의 권리의식은 그리스뿐 아니라 유럽 전체적으로 무척 강하다. 그러나 유럽의 국민은 언젠가 재정 재건을 받아들일 수밖에 없을 것이다. 이대로 방만한 재정을 계속하다 국채 디폴트로 국가 파산에 빠져드는 길을 택할 것인가? 아니면 자신들의 권리를 다소 잃더라도 재정 재건으로 국가가 살아남는 길을 택할 것인가? 둘 중 하나밖에 선택의 여지가 없다면 아무리 권리의식이 높은 국민도 국가가 살아남는 길을 택할 수밖에 없다. 재정 재건을 받아들이지 않을 경우 두터운 사회보장을 잃는 것 이상의 고난에 직면하리라는 것을 그들 스스로 잘 알기 때문이다. 유럽 각국의 국민은 지금까지처럼 국가에 의존하여 안온하게 살아갈 수 없게 된다. 국민은 미래에 대한 불안을 안은 채 소비 대신 저축에 집중하게 되고 그러한 변화는 경기 침체를 넘어 경기 침체 장기화를 낳는다.

미국은 국민의 자주성을 존중하는 '작은 정부', 유럽은 국민이 국가에 의존하는 '큰 정부'로, 그 출발점은 다르지만 결국 국민의 심리는 같은 방향으로 향하게 될 것이다.

위기를 맞은 유럽의 금융기관

그동안 유럽은 의외로 기업 실적을 공개하지 않았다. 그 탓에 금융기관이 높은 레버리지 거래를 거듭하여 금융자산을 지나치게 키웠다는 사실을 아는 사람이 거의 없었다. 서브프라임 사태가 일어나면서 금융기관이 곤경에 처한 뒤에야 비로소 그 실상이 처음 드러났다.

문제가 불거지기 시작한 2007년에 EU 각국의 금융기관이 보유한 금융자산의 GDP 대비 배율은 평균 5배로 독일이 4배, 프랑스가 6배, 영국이 7배였다. 이는 탐욕스럽다고 욕을 먹은 미국 금융기관의 4배보다 많은 수치다. 유럽의 금융기관이 얼마나 비대해

졌는지 알 수 있는 대목이다.

그 대가가 엄청나게 컸다는 것은 금융위기 후에 투입된 공적 자금의 액수가 말해준다. 금융기관을 구제하는 데 들어간 공적 자금의 규모는 독일이 800억 유로(약 1,100억 달러), 프랑스가 400억 유로(약 500억 달러), 영국이 500억 파운드(약 800억 달러)였다. EU 전체적으로는 3,500억 달러를 넘겨 미국의 2,500억 달러를 크게 웃돌았다.

이런 까닭에 금융시장은 '금융위기는 미국보다 유럽이 심각하다'는 데 의견이 일치했다. 지나친 비대화는 결국 2008년에 유로 폭락을 초래하고 말았다.

한편 유럽 각국은 금융기관 구제와 경기부양책으로 지출이 팽창하면서 급속하게 재정이 악화되었다. 각국은 재정 지출을 메우기 위해 급격하게 국채 발행 액수를 키웠지만 그 국채를 인수한 곳은 어이없게도 유럽 금융기관이었다. 즉, 금융기관을 돕느라 각국의 재정이 악화되었는데 악화된 재정을 메우기 위해 발행한 국채를 금융기관이 파이낸스(자본 조달 및 운용과 관련된 재무활동)하는 이상한 구도가 형성된 것이다. 이렇게 되면 국가와 금융기관은 끝까지 운명을 같이할 수밖에 없다. 한 쪽이 쓰러지면 다른 한 쪽도 쓰러지는 관계가 된 것이다.

그러다 보니 유럽 각국과 금융기관은 서로를 위해 좋지 않은 상황은 가능한 감추려 든다. 2010년 7월 유럽의 은행 91곳을 대상으로 '스트레스테스트(재무 건전성 심사)'를 실시했는데 그 결과가 지나치게 낙관적으로 나왔다. 아마도 여기에는 사실을 밝히고 싶지 않은 유럽 각국의 의도가 작용했을 것이다.

유럽의 금융기관은 여전히 거액의 불량자산을 안고 있지만 스트레스테스트를 받은 91개 은행 중 '자본 부족' 판정을 받은 곳은 7곳에 지나지 않는다. 이는 누가 보아도 은행이 안고 있는 불량자산의 실태를 과소평가한 것이다. 어쩌면 금융기관이 끌어안고 있는 불량자산이 너무 많아서 각국이 근본적인 처리를 뒤로 미루고 싶어 하는 것인지도 모른다.

일본에서도 거품 붕괴 직후에 공표된 불량채권액이 실제보다 훨씬 적었다. 자산 심사가 느슨하면 결과적으로 불량채권이나 불량자산 처리가 늦어지기 때문에 실물경제는 장기간 정체되고 만다. 문제해결을 미루려는 유럽의 태도는 1990년대 후반부터 2000년 초의 일본을 빼닮았다. 아무리 뒤로 미룰지라도 문제는 저절로 해결되지 않는다.

유럽은 자신들이 이미 일본이 과거 20년 동안 빠져나오지 못한 저성장과 디플레이션의 긴 터널에 들어섰다는 사실을 잊어서는 안 된다.

EU는 재기할 수 있을까?

EU는 전체가 결정한 합의와 규칙을 지킬 수 없는 불안정한 연합체다. 가장 중요한 합의는 안정성장협약(재정협정)이다. 안정성장협약은 가맹국에 재정 규율 유지 및 강화를 요구한 협약으로 '연간 재정 적자는 GDP의 3% 이내, 공적 채무 잔액은 GDP의 60% 이내로 억제한다'는 구체적인 기준이 마련되어 있다. 또한 이를 위반한 국가에는 경고나 제재 조치를 가하도록 명기하고 있다.

그러나 현 시점에서 안정성장협약을 지키고 있는 곳은 EU 가맹국 27개 나라 중 고작 세 나라뿐이다. 나머지 24개국은 모두 협정을 위반하고 있다. 국제사회에서 조약이나 협정은 당연히 지켜야 하지만 EU 내에서는 그것이 거의 기능하지 못하고 있다.

각국은 그리스 재정위기가 심각해지기까지 다른 나라의 재정 악화를 보고도 못 본 척해왔다. 특히 리먼 쇼크 이후에는 EU 지역 내에 '금융위기니 어쩔 수 없다'는 분위기가 퍼져 협정을 위반하더라도 실질적인 경고나 제재 조치 없이 방치되었다. 그러는 가운데 PIIGS 국가들의 재정은 악화일로에 놓이고 말았다. 아무리 벌칙이 있어도 억제력이 없는 협약은 빈껍데기일 뿐이다.

이런 상황을 보면 '자신에게 관대하고 타인에게도 관대한 것'이 EU의 본질임을 알 수 있다. 정보 공개도 몹시 더뎌 위기가 심각해져야 비로소 정보를 내놓는다. 그러니 전 세계 투자자가 '신뢰할 수 없는 연합체'로 여기는 것도 어쩔 수 없는 일이다.

유럽 재정위기가 일어난 후 EU는 재발 방지를 위해 새로운 규칙을 정했다. 2010년부터 각국의 예산 편성을 상호 감시하여 안정성장협약에 따라 착실하게 재정 적자를 감축하도록 하겠다는 규칙이지만, 실제로 지켜질지 의심스럽다는 의견이 많다.

그러나 이번에는 EU의 강한 각오가 느껴졌다. 앞서 EU의 24개국이 재정협정을 위반했다고 설명했는데 그중 덴마크, 핀란드, 불가리아, 키프로스는 일부러 2010년 7월에 새로 포함시켜 공표했다. EU는 그 이유를 금융위기 후 2009~2010년 GDP 대비 재정 적자가 재정협정인 3%를 초과했기 때문이라고 했지만, 오히려 이 4개국은 EU 내에서 뛰어난 실적을 보이는 독일과 프랑스보다 재정이 건전한 상태다. 이전의 EU였다면 굳이 위반국으로 지정하지도 않았을 수준이다.

그럼에도 불구하고 공표한 이유는 EU 가맹국 전체가 적자 감축을 반드시 지키자는 굳은 각오를 했기 때문이다. 위반 정도가 가볍더라도 어디까지나 위반은 위반이라고 엄격하게 대응한 것이다. 이 보도를 접했을 때 나는 EU의 진정성을 느꼈다.

안정성장협약을 위반하지 않은 국가는 스웨덴, 에스토니아, 룩셈부르크다. 이들 세 국가는 권리의식이 높은 다른 유럽 국가들과 조금 다른 국민성을 지닌 듯하다.

예를 들면 복지수준이 높다는 이미지가 강한 스웨덴은 수출이 GDP의 40%를 차지하는 수출대국으로 국가가 기업의 국제 경쟁력 강화를 위해 노력하고 있다. 생산성도 높아 경제협력개발기구(OECD) 조사에서 1인당 GDP가 1980년대 이후 줄곧 세계 10위 이내를 유지했다. 특히 국내 경쟁이 심해 복지대국이라는 단어에서 받는 느긋한 인상과는 조금 거리가 있다. 그리고 그런 분위기를 뒷받침하는 것은 바로 책임의식이 높은 국민성이다.

같은 북유럽 국가인 덴마크나 핀란드는 비록 새로운 협정 위반국이 되었지만 EU 내에서 비교적 재무가 건전한 편으로 이는 스웨덴과 유사한 국민성 때문이다. 북유럽 국가가 실업자에게 제공하는 수당은 분명 후하지만 그 급여를 받으려면 엄격한 직업훈련을 받아야 한다. 덕분에 많은 실업자가 기술을 업그레이드해 재취업에 성공한다.

북유럽 국가의 국민은 대다수가 '가능한 국가에 기대고 싶지 않다', '내 노력으로 도저히 안 될 때 국가의 힘을 빌리겠다'고 생각한다. 높은 복지수준은 이러한 의식이 있어야 유지될 수 있다. 조금만 힘들어도 국가에 기대려하는 국민이었다면 국가 재정은 악화되기만 했을 것이다.

유럽 전체가 북유럽 국가 같은 국민성을 지녔다면 재정 재건도 순조롭게 이루어지겠지만, 실제로는 북유럽 국가가 EU 내에서 이례적이라고 보는 편이 타당하다.

유로가
소멸하는 날이 올까?

유럽의 구조상 EU와 유로존은 어느 정도 나누어 생각할 필요가 있다.

EU가 안고 있는 구조상의 문제는 각국의 이해가 대립한다는 점이다. 하나의 공동체 안에 경상수지 흑자국이 있는가 하면 경상수지 적자국도 있고, 재정이 어려운 국가가 있는가 하면 여유로운 국가도 있다. 그러다 보니 국가에 따라 입장이 다르고 어떤 문제에도 합의 형성이 어려워 의사결정에 오랜 시간이 걸린다.

민주주의 사회에서는 전체의 합의를 얻는 것이 당연하지만 신속함이 요구되는 시장경제에서는 그렇지 않은 경우가 많다. 대개는 각국의 생각을 듣고 논의를 거듭하고 의회에서 다수결을 거쳐 정책을 결정하는 민주주의의 절차를 밟을 짬이 없다. 약육강식의 논리를 휘두르는 시장은 언제나 신속한 대응을 요구한다.

그리스의 위기 앞에서 대응이 늦었던 것이 좋은 예다. EU가 좀처럼 대응책을 내놓지 못하자 시장은 그리스 국채와 유로를 매도하며 '빨리 답을 내놓으라'고 재촉했다. 그 결과 상황은 시장이 요구하는 대로 움직였다.

현재 EU는 세계의 축소판이다. G20이 그렇듯 이해관계가 대립하는 이들이 아무리 모여서 논의를 해도 하나의 합의에 도달하기는 무척 어렵다.

유로존이 안고 있는 구조상의 문제는 ECB에 의해 금융 정책은 통일되었지만, 재정 정책은 국가에 따라 제각각이라는 점이다. 이것이 바로 단일 통화의 약점이다. 유로를 도입하지 않은 영국에서는 경기 후퇴 국면에서 금융 완화를 실시하고 자국 통화인 파운드 약세를 유도하여 수출을 늘릴 수 있다. 그러나 유로존의 경상수지 적자국은 통화 약세에 의존해 수출을 확대하는 수단을 사용할 수 없다.

외화를 벌어들이는 효과적인 수단을 잃어버린 상황에서 재정 재건은 극히 어렵지 않을까? 애초에 경제구조, 생산성, 국민의 근로 의욕이 모두 다른 국가들이 같은 환율을 사용한다는 것 자체가 좀 이해하기 어렵다. 경상수지 흑자국과 적자국이 같은 환율을 사용

EU 가맹국(27개국)	
유로 도입국(17개국)	
독일	영국
벨기에	스웨덴
룩셈부르크	덴마크
스페인	라트비아
프랑스	리투아니아
아일랜드	폴란드
이탈리아	체코
네덜란드	헝가리
포르투갈	루마니아
핀란드	불가리아
그리스	
슬로베니아	
키프로스	
몰타	
슬로바키아	
오스트리아	
에스토니아	

EU 가맹국 27개 나라 중 유로를 도입한 나라는 17개국이며 ECB가 금융 정책을 담당하는 대상도 유로존 17개국이다.

한다는 것은 비유하자면 흑자기업과 적자기업이 주식시장에서 같은 평가를 받고 주가가 동등한 것과 같다. 이는 전혀 시장 원리에 맞지 않는다.

앞으로 유로존의 격차 문제는 더욱 확대되고 큰 문제로 발전할 것이다. 상대적으로 경상수지 흑자국의 불만이 더 높아질 것으로 보인다. 독일 등 경상수지 흑자국의 국민은 "경상수지 적자국은 유로존에서 나가라!"고 요구할지도 모르지만 독일도 유로의 혜택을 보았음을 잊어서는 안 된다.

독일처럼 경제가 강한 국가는 원래 통화가치가 좀 더 높아야 한다. 그러나 유로가 통일 통화이기 때문에 늘 낮은 환율로 외화를 벌어들여야 했다. 이 격차를 해소하는 구조를 만들지 않으면 언젠가 유로가 붕괴할지도 모른다. 부국은 더욱 부유해지고 빈국은 점점 더 가난해지는 모순을 안은 채 통일 통화가 계속 유지될 수는 없다.

경제 현상만 보면
본질을 놓친다

지금까지의 상황을 문제 삼아 최근에 'EU는 붕괴한다' 또는 '유로는 붕괴한다'는 예측이 많이 들려온다. 그러나 나는 EU도 유로도 붕괴하지 않으리라고 본다.

애당초 EU와 유로는 평화 유지를 목적으로 한 안전보장이었다. 그 본질을 생각하면 EU와 유로가 붕괴할 거라고 볼 수는 없다.

경제적 상황만 바라보면 사건의 본질을 오해할 수 있다. 유럽의 역사는 전쟁의 역사다. 로마제국 시대부터 국가 간 침략과 전쟁이 그치지 않았다. 엄청난 피해를 일으킨 제1차, 제2차 세계대전은 말할 것도 없고 냉전시대에도 유럽 대륙에서는 대립과 민족 분쟁

이 끊임없이 일어났다. 그러한 역사를 되풀이하지 않기 위해 EU
가 탄생한 것이다.

유럽의 역사를 돌이켜보건대 EU 가맹국의 정치가와 국민은 틀
림없이 눈앞의 경제적 사정보다 평화를 선택할 것이다. 유럽의 정
치가들은 안전이 보장되어야 경제 발전이 가능하다는 것을 잘 알
고 있다. 유럽의 긴 역사 속에서 볼 때 그리스 위기는 사소한 문제
중 하나일 뿐이라는 것이 그들의 생각이다. 사소한 문제 때문에
항구적 평화를 위한 노력을 쉽사리 내던지는 일은 없을 거라는 의
미다.

유럽은 2013년을 목표로 재정 재건을 착실히 진행하고 있다. 앞
에서 설명한 것처럼 이번에야말로 EU는 진정으로 재정 건전화를
위해 노력할 것이다. 재정 재건을 방해하는 리스크가 있다면 금
융기관에 쏟아붓는 추가 지원으로 채무가 늘고 있다는 것뿐이다.
실제로 아일랜드에서는 국유화한 은행에 들어가는 공적 자금이
급증한 탓에 2010년 GDP 대비 재정 적자 비율이 당초 예상했던
11%에서 20%로 상승할 전망이다. 그 리스크를 염두에 둘 필요
는 있지만 그것이 재정 재건을 향한 큰 흐름을 가로막진 못할 것
으로 보인다.

나아가 재정위기 재발 방지책으로 경상수지 흑자국이 경상수
지 적자국의 손실을 메우는 구조가 만들어질 것으로 예상된다. 그
계기는 그리스 채무 디폴트가 현실화될지 모른다는 우려에 있다.

EU와 IMF는 2013년까지 그리스에 최대 1,100억 유로를 지원하기로 합의했지만 채무규모를 고려할 때 이 기간 내에 문제를 해결하기는 어렵다. EU나 IMF의 지원은 채무금리 변제를 돕는 정도지 채무 자체의 규모를 줄일 만큼은 아니다.

만약 그리스가 채무구조 정리에 나선다면 유럽의 금융기관은 극히 힘든 사태를 맞이하게 될 것이다. 그리스 국채 디폴트로 파산에 몰리는 것은 그리스 은행뿐이 아니다. 그리스 국채의 60% 이상은 그리스 국외의 투자가가 보유하고 있는데, 그들은 대부분 독일과 프랑스 등의 은행 및 보험회사다.

그리스 디폴트 선언은 또다른 문제도 낳는다. 무엇보다 그 영향이 그리스를 넘어 PIIGS의 다른 국가들의 국채 급락으로 이어질 것이 분명하다. 많은 유럽 은행이 PIIGS 5개국에 거액의 여신을 주었다. 여신이란 금전적 대여 또는 그와 동등한 행위(보증 등)를 실행하는 것을 말한다. 독일 은행이 보유한 5개국의 여신 잔액은 GDP의 20% 정도며 프랑스 은행은 약 30%에 달한다. 따라서 그리스가 파산하면 PIIGS의 다른 국가들도 파산 리스크가 높아지며 독일과 프랑스 은행을 비롯하여 유럽 전체의 금융기관이 연쇄 파산을 일으킬 것이다. 즉, 그리스가 디폴트를 선언하면 PIIGS의 나머지 국가들의 국채도 급락하게 된다.

그러니 유럽 전체가 스스로를 지키기 위해 경상수지 흑자국이 경상수지 적자국에 재정 보전을 하는 구조를 만들겠다고 나서지 않겠는가.

전쟁인가, 평화인가?

유럽이 어느 쪽을 택할지는 이미 정해져 있다.

EU의 미래는?

경상수지 흑자국과 경상수지 적자국의 재정 보전 같이 격차 완화를 목표로 하는 시스템 구축은 미래에 EU나 유로존의 재정을 하나로 통합하기 위한 전단계가 될 것으로 보인다. 물론 재정을 통합할 경우 각국 정부의 주권이 약해지기 때문에 EU 가맹국의 반발이 예상된다.

나는 현실적으로 재정 통합보다 군사적 통합이 앞서야 한다고 생각한다. 최근에 EU 가맹국들은 재정 재건을 추진하기 위해 군사력을 축소하고 있다. EU 가맹국 전체로 볼 때 EU 지역 내의 GDP 대비 국방비 비율은 냉전이 끝난 1989년에 비해 절반까지

줄어들었다. 미래에는 자국에 최소한의 군대만 남기고 각국 군대
가 유럽 합동군에 합류하여 '통일유럽군(가칭)'이 될지도 모른다.
군대를 축소 정비하고 선택과 집중을 하면 군비를 대폭 감축하더
라도 충분히 강력한 군대를 만들 수 있다.

달러가 기축통화가 될 수 있었던 이유는 압도적인 군사력과 경제
력이 뒷받침되었기 때문이다. 유럽도 조만간 통일 유럽군으로 군
사력 강화를 도모하고, 경제는 유럽 이외의 지역과 자유무역협정
(FTA)을 확대하는 전략을 취하게 될 것이다.

이미 EU는 2011년 7월 한국과 FTA 조약을 발효하기로 합의했
다. 또 ASEAN 국가들과의 연대도 적극 추진하여 싱가포르, 베트
남에 이어 말레이시아와도 FTA 체결을 위한 교섭에 들어갔다. 이
런 움직임을 보아도 EU가 신흥국을 중시한 통상 전략을 그리고
있음에 틀림없다.

아직 재정이나 금융 시스템에 큰 불안 요소가 남아 있긴 하지만
오히려 그것을 발판 삼아 EU의 결속력은 높아질 것으로 보인다.
더불어 세계에서 EU의 구심력은 더욱 커져가리라고 본다.

앞으로 EU는 가맹기준이 엄격해져 경제나 재정이 양호한 국가
만 가입할 수 있을지도 모른다. 그럼에도 가맹을 희망하는 국가는
계속 늘어날 것이다.

중국 경제의 미래

중국 경제 발전의 이해

최근 중국 경제에 관한 언론 보도를 보면 '부동산 거품이 일고 있다'는 내용이 많이 보인다. 거품이 붕괴할 수도 있다는 우려의 목소리도 커지고 있지만, 나는 중국의 현상을 '거품'이라고 표현하는 것은 옳지 않다고 본다.

물론 베이징이나 상하이 등 연안지역 대도시의 주택가격은 거품이 끼기 직전이라고 볼 수도 있다. 베이징의 주택가격은 중국 평균의 3배, 상하이는 2배로, 두 도시가 속한 연안지역만 비교해도 평균 1.5배 정도 높다. 중국의 부동산 거품을 다룰 때 주의해야 할 점은 그것이 연안지역 대도시에 한정된 이야기라는 것이다. 언론 보도만 보면 마치 중국 전 지역이 거품 상태인 것처럼 오해할 수 있으나 실제로는 극히 일부 지역에 나타나는 현상이다.

연안지역은 중국의 부가 집중되어 있는 것처럼 보인다. 그러나 연안지역의 GDP는 중국 전체의 1% 정도로 생각보다 낮다. GDP의 90%는 광활한 내륙지역에서 발생한다. 중국은 국토뿐 아니라 경제도 속이 깊다. 연안지역 개발은 거의 끝났고 이제 중국 정부는 내륙지역 개발에 나서고 있다. 외자기업도 연안지역의 인건비 상승을 피해 내륙지역으로 들어가는 업체가 늘고 있다. 따라서 앞으로는 내륙지역의 고용이나 자금이 늘고 부동산 가격도 올라갈 것으로 예상된다. 연안지역 같은 부동산 가격 급등은 없어도 완만하고 지속적으로 상승할 것이다.

설령 언론의 보도처럼 연안지역의 부동산 가격이 30% 떨어질지라도 GDP의 90%를 차지하는 내륙지역에서 평균 3~4% 오른다면 연안지역의 하락분을 충분히 흡수할 수 있다. 중국 전역의 주택 가격 평균을 중국인의 평균 연수입으로 나누면 6배 정도로, 일본이 거품기에 들어가기 전인 1980년대 전반의 수준과 크게 다르지 않다.

거품이라는 말을 하려면 과거 미국이나 일본 같이 국내의 모든 부동산 가격이 급상승해야 한다. 일본의 경우 거품기에는 도쿄 등 대도시뿐 아니라 지방의 토지 가격도 치솟았다. 중국의 일부에 지나지 않는 베이징이나 상하이를 포함하는 연안지역만 보고 중국 경제 전체를 이야기할 수는 없다.

중국에서 부동산 거품이 발생할 가능성은?

중국은 국가 통제 경제로 모든 것을 국가가 주도하고 관리한다. 이러한 국가 통제 경제에서는 거품을 미연에 방지하는 일이 다른 선진국보다 좀 더 수월하다.

국가 통제 경제에서만 얻을 수 있는 최대 이점은 즉시 판단 및 결정할 수 있다는 것이다. 다른 나라들은 의회의 승인을 얻느라 어떤 결정을 하든 시간이 걸리게 마련이지만 중국에서는 완전한 '톱다운(Top-Down) 방식'으로 상황을 움직일 수 있다. 톱다운 방식이란 기획예산처가 중장기 재정 운용 계획을 토대로 부처별 예산 한도를 미리 정해주면 그 부처가 한도 안에서 자유롭게 예산을 편성하는 제도를 말한다. 따라서 조금이라도 거품의 조짐이 보이면 바로 손을 써서 막을 수 있다. 게다가 국가가 내리는 결정을 기업도 국민도 그대로 따르기 때문에 대응책의 효과가 빠르게 나타나는 경향이 있다. 다른 민주주의 국가처럼 정부의 대책이 여론의 반발 때문에 좌절되거나 수정안을 내놓아야 하는 일은 없다.

실제로 2010년 4월 중국 정부가 주택가격을 억제하는 대책을 내놓자 그 효과는 몇 개월 내에 고스란히 나타났다. 당시 억제 대책은 주택을 구입할 때의 계약금 비율을 10%에서 20%로 높이고, 2주택 구입자에게 적용하는 주택대출금리를 기준보다 높게 설정하도록 의무화하는 내용이었다. 70개 주요 도시의 부동산 통계 조사에 따르면 4월에 이미 판매 건수가 감소했고 5월에는 판매가격이 하락했다. 그리고 6월에는 판매가격이 1년 4개월 만에 마이너스로 돌아섰다. 8월까지 판매가격은 3개월 연속 하락하여 억제책의 효과가 확실하게 나타났다.

9월 들어 중국 정부는 추가 주택가격 억제책을 내놓았다. 3주택 이상을 구입할 때는 은행에서 전혀 대출받을 수 없게 하고 4월에 높인 계약금 비율을 30% 이상으로 더 올렸던 것이다. 중국 정부의 이러한 주택가격 억제책에는 연안지역의 주택가격이 급등해 집을 살 수 없다는 중산층의 불만을 잠재우려는 의도가 숨어 있다.

중국의 중앙은행에 해당하는 인민은행이 도시 주민을 대상으로 실시한 앙케트 조사에 따르면 '주택가격이 지나치게 높다'고 응답

한 사람이 전체의 70%를 넘는다. 중국 정부는 이런 여론을 고려하는 동시에 주택가격을 의도하는 수준으로 유지하기 위해 이후로도 계속 억제책을 구상하고 있다. 만약 정부가 의도한 것보다 주택가격이 떨어지면 억제책을 중단하거나 방향을 전환하여 주택구입 촉진책을 도입하면 되고, 반대로 주택가격이 오르면 더욱 엄격한 억제책을 추가 도입하면 된다.

이처럼 국가 통제 경제에서는 가속페달과 브레이크를 기민하게 바꾸어 사용할 수 있다. 따라서 높이 오른 연안지역의 주택가격은 연착륙할 것으로 보인다.

중국 정부는 일본이 거품 붕괴에 이른 과정을 충분히 연구했다. 이에 따라 가열될 조짐이 보이면 부동산 가격을 서둘러 억제하는 정책으로 대비를 하고 있다. 이러한 상황으로 볼 때 이후로도 중국에서 부동산 거품이 일어날 가능성은 작다고 하겠다.

국가 통제 경제의 최대 이점

　중국 정부는 기업에 두 가지 정책을 적극 권한다. 하나는 기업의 합병 또는 경영 통합에 의한 규모 확대다. 여기에는 기업의 생산성을 향상시켜 대외 교섭력을 강화하려는 목적이 있다. 다른 하나는 기업의 과잉 설비 폐기와 과잉 투자 억제 정책이다. 이는 수요와 공급의 균형이 무너지는 사태를 미연에 방지하기 위해서다.

　2010년 초, 중국의 주요 국유기업의 총괄 책임자는 규모 확대를 위해 130사 남짓 되는 중앙정부 직할기업을 2020년까지 80사로 재편하겠다는 목표를 밝혔다.

　물론 국유기업만 정부의 정책을 따르는 것은 아니다. 통합의 흐

름 속에서 2010년 5월에는 생산량이 세계 6위인 대규모 철강회사
가 중견 3사와 경영 통합을 했다. 그 결과 통합된 대규모 철강회사
는 즉시 세계 2위로 도약했다. 중국이 이런 전략을 채택한 이유는
철강 회사들이 브라질 등의 자원 대기업과 원료 가격 교섭에서 열
세를 면하지 못했기 때문이다. 중국 정부는 자원 기업에 대한 발
언력을 높이기 위해 철강 회사들의 합병과 통합을 추진하여 대규
모 회사를 탄생시킨 것이다. 이후로도 중국은 기업의 효율성 향상
과 대외 교섭력 강화를 위해 철강, 자동차뿐 아니라 다양한 업종
에서 정부 주도의 기업 합병과 통합을 이뤄낼 것으로 보인다.

2010년 들어 과잉 설비 폐기와 과잉 투자 억제에 대해서도 정부
의 명령이 빈번해졌다. 대표적으로 중국 정부는 2010년 8월 시멘
트와 제철 등 18개 업종 2,087사에 노후화한 생산설비를 폐기하
라는 명령을 내렸다. 대상 기업으로는 역대 최대의 규모였다.

세계 금융위기의 여파로 2008년 말 중국은 대규모 경기부양책을
실시했고, 그 결과 다양한 업종에서 과잉 설비가 심각해졌다. 여기
에다 연안지역의 주택가격 억제로 과잉 설비 문제는 더욱 커질 것
이 분명했다. 당시 연안지역의 주택가격이 비등하면서 철강 수요
가 늘고 가구와 가전제품의 판매도 늘고 있었다. 주택가격을 억제
할 경우 당연히 이들 재고가 늘어나 경기를 필요 이상 악화시킬 우
려가 있었다. 당연히 중국 정부는 과잉 설비 해소에 주력했다.

기업이 명령에 따르지 않을 경우 신규 은행 융자를 해주지 않거

나 전력 공급을 중단하는 등의 강력한 처분을 검토하는 것은 지나치다는 생각이 든다. 하지만 이런 강제력이 중국이 경제를 제어하는 강점이며, 선진국의 자유주의 경제가 따라갈 수 없는 부분이기도 하다.

중국 정부는 9월에도 자동차 대기업 30사에 공장 건설 등의 투자를 삼가도록 명령했다. 자동차 대기업의 계획대로 공장 건설을 진행하면 국내 수요에 비해 공급 능력이 30% 이상 초과한다는 계산이 나왔기 때문이다. 이 명령은 장래의 수요와 공급 균형을 고려해 일찌감치 과잉 투자를 중단하고 과잉 설비를 만들지 않도록 배려하고 있다.

국가 통제 경제의 최대 이점은 자유주의 경제의 약점인 수요와 공급의 폭주를 국가의 뜻대로 제어할 수 있다는 것이다.

중국의 급성장 배경

리먼 쇼크 이후 세계적인 경기 악화에 대처하기 위해 중국은 2008년 말부터 2년 동안 4조 위안의 경기부양책을 실시했다. 그 결과 중국은 세계에서 가장 빨리 경기를 회복하는 데 성공했다. 빠른 경기 회복의 주요 요인으로는 두 가지를 들 수 있다.

하나는 국가 통제 경제에 의한 신속한 결정과 단행이다. 또 하나는 GDP에서 개인소비가 차지하는 비율이 낮다는 점이다.

글로벌 경제에서는 무엇보다 빠른 속도가 필요하다. 경기부양책이든 경기억제책이든 늦어질수록 경제적 효과는 약해진다. 유감스럽게도 의사결정에 시간이 걸리는 민주주의보다 국가 통제를 바탕으로 즉시 결정을 내리는 일당 독재체제가 자본주의 경제를 제어하는 데 유리하다.

물론 아무 소리 말고 명령에 따르라는 중국 정부의 태도는 시장 원리에 어긋나기에 자유주의 경제국들로부터 비판을 받고 있다. 하지만 옳고 그름을 떠나 국가 통제 체제에서는 분명 경제를 마음대로 제어하는 이점을 누릴 수 있다. 윤리관과는 별도로 그 점은 인정할 수밖에 없다.

GDP에서 개인소비가 차지하는 비율이 낮다는 점도 중국이 경제를 제어하기 쉬운 요인 중 하나다. 중국의 GDP에서 차지하는 개인소비 비율은 고작 35%에 불과하다. 미국 70%, 일본 60%에 비하면 중국의 개인소비 비율은 한참 낮은 편이다.

개인소비 비율이 높으면 소비자의 심리가 경기 동향을 크게 좌우하게 된다. 따라서 중국은 개인소비가 큰 폭으로 늘어날 경우를 대비해야 한다. 일단 개인소비 비율이 높아지면 아무리 신속하게 경기부양책을 실시해도 이전 같은 효과를 발휘하지 못할지도 모른다.

경제는 이론이 아니라 인간의 심리로 움직인다. 미래를 비관적으로 보면 지갑을 틀어쥐고, 반대로 미래를 낙관하면 돈을 빌려서라도 소비하는 등 인간 심리가 소비와 경기에 큰 영향을 미친다. 중국은 아직 개인소비의 비율이 낮기 때문에 인간 심리가 경기에 미치는 영향도 좁은 범위에 한정되어 있다. 덕분에 공공투자로 경기를 제어하기가 훨씬 쉽다.

이것이 중국의 경제 정책이 즉시 큰 효과를 나타내는 이유다.

중국은 경기를 억제하면서 2011년 이후 연간 7~9% 성장을 지속하려 한다.

단언하건대 중국이 성장 노선 자체를 포기하는 일은 없을 것이다. 도시지역과 농촌지역의 수입이 여전히 3배 이상 차이가 나기 때문이다. 농촌지역의 수입을 끌어올려 격차를 줄이려면 널리 내륙지역까지 경제성장을 이루어야 한다. 중국이 내륙지역 개발을 추진하면서 7~9% 성장을 지속한다면 격차는 더 벌어지지 않고 국민의 불만도 제어할 수 있으리라고 본다.

중국은 10%대 성장을 원하지 않는다. 과도한 급성장은 거품을 일으키는 원인이 될 뿐이므로 힘겹게 두 자릿수 성장을 목표로 삼을 이유는 없다. 중국 지도부는 그 점을 잘 알고 있다. 나는 2011년 이후 중국의 성장률이 7~9%의 추이를 나타낼 것으로 예상한다.

중국의 중앙정부와 지방정부

여기까지만 보면 국가 통제 경제는 자유주의 경제보다 뛰어나다고 판단할 수 있다. 그러나 중국도 좀처럼 통제하기 힘든 부분이 있다. 바로 성(省), 시(市), 현(縣) 등의 지방정부다.

리먼 쇼크 이후 중국은 총 4조 위안 규모의 경기부양책을 실시했는데, 이때 중앙정부와 지방정부가 각각 30%, 은행과 기업이 40%를 부담하게 되었다. 중국은 지방정부에 공공투자 확대를 지시했고 이 투자로 중국이 지방정부를 통제하지 못한다는 사실이 명확히 드러났다.

중국의 재정제도에서 지방정부는 재정 적자를 인정받지 못할 뿐 아니라 스스로 채권을 발행하는 것도 금지되어 있다. 이에 따라 지방정부는 공공투자 자금을 조달하기 위해 '융자 플랫폼'이라는 투자회사를 차례차례 설립한 다음, 이를 창구로 삼아 은행에서 융자를 받아 공공사업과 부동산 개발에 큰 금액을 투자했다. 그런데 그 공공사업과 부동산 개발은 대부분 채산성이 떨어지는 투자이기 때문에 상당한 은행융자가 불량채권화할 우려가 있다. 지방정부 관련 투자회사의 융자잔액은 2010년 6월 현재 7조 2,000억 위안인데, 그중 5분의 1이 넘는 1조 5,400억 위안이 문제가 있는 채권으로 보인다.

지방정부가 제멋대로 행동했다는 사실은 2010년 8월 은행이 융자 상황을 보고하면서 비로소 드러났다. 그때까지 중국은 정확한 상황을 파악하지 못했던 듯하다. 중국은 만기일에 일괄 상환하는 만기상환형 융자가 많아 원금 상환 기한 이전까지 채무자의 지불 능력은 문제되지 않는다. 설령 변제 기일이 연기되더라도 이자만 지불하면 정상 채권으로 취급된다. 이로 인해 불량채권이 좀처럼 표면화되지 않는 문제점이 새삼 떠오르게 되었다. 이 사태를 보고 중국은 지방정부에 투자회사를 정리하도록 통고했다. 아울러 투자회사에 대한 채무보증을 금지하는 명령도 내렸다.

그 이전인 2010년 봄, 중국은 은행융자가 불량채권화할 경우를 대비해 대형 은행에 계속해서 대규모 증자를 실시하게 했다. 5대 은행의 증가액은 8,000억 위안을 넘었는데 이 증자는 아직 불량채권 액수가 분명해지기 전에 중국이 미리 손을 쓴 금액이다. 불량화가 예상되는 채권이 1조 5,400억 위안이라는 사실이 드러났지만 필요할 경우 은행에 같은 규모의 증자를 한 차례 더 실시하는 것으로 해결이 가능하다.

이 문제는 어렵지 않게 극복할 수 있을 것이다. 여기서도 정부가 금융기관을 통제하는 이점이 작용하고 있다.

중국은 성장 모델의 최종 단계에 들어섰다

중국뿐 아니라 신흥국은 대부분 과거 일본형 성장을 목표로 하고 있다.

일본은 먼저 수출을 늘려 외화를 벌어들이고 국민소득을 어느 정도 끌어올린 후 내수를 확대했다. 그 후 거품 붕괴로 비틀거리긴 했지만 일본은 적어도 1980년대까지는 이 성장 모델로 성공했다.

중국은 좋든 싫든 일본을 모델로 하고 있다. 그렇다면 이후 과제는 국민소득을 좀 더 높인 후 경제구조를 외수 의존에서 내수 주도로 서서히 전환하는 일이다. 중국은 그 과정에서 쉽게 타협하여 급격한 통화 강세를 인정하지 않겠다는 자세를 취하고 있다.

지금까지 중국은 낮은 인건비를 무기로 '세계의 공장'으로 발전해왔다. 저렴한 제품을 대량 생산 및 대량 수출해 수익을 올리는 시스템이 중국의 급성장을 지탱하는 원동력이었다. 그러나 앞으로 10년 동안 그 성장 모델을 계속 유지하기는 어려울 것이다. 그 점은 누구보다 중국이 가장 잘 알고 있다.

이유는 두 가지다. 첫째, 인건비가 저렴한 동남아시아나 남아시아, 아프리카 국가들의 대두다. 정도의 차이는 있지만 이들 국가의 인건비는 중국의 몇 분의 1 수준이며, 이들은 새로운 '세계의 공장' 세력을 확대하고 있다. 앞으로 10년 후면 중국은 현재의 포지션을 이들 나라에 빼앗길지도 모른다. 둘째, 중국의 인건비 상승에 박차가 가해지고 있다. 지금까지는 내륙지역의 농촌에서 대량 유입되는 농민공이 연안지역에 싸고 풍부한 노동력을 제공했다. 그러나 가까운 미래에 중국도 저출산 고령화 사회에 진입하고 농민공의 수는 분명 줄어든다.

1980년에 본격 도입된 한 자녀 정책의 영향으로 총인구에서 차지하는 아동(0~14세) 비율은 1982년의 33.6%에서 2009년에는 18.5%까지 급격하게 낮아졌다. 빠른 경우 2013년이면 노동자 인구(15~64세)가 감소세로 돌아설 것이라는 예측도 있다. 연안지역의 노동력이 공급 과다에서 수요 초과로 역전되면 인건비가 큰 폭으로 상승하게 된다. 그리고 연안지역의 임금 상승은 내륙지역으로 파급돼 중국 전체의 임금 상승력을 높인다.

과거 일본에서도 1960년대에 농촌의 노동력이 급감하면서 노동자의 임금이 상승하기 시작했다. 지금 중국에서도 같은 현상이 일어나고 있다. 저렴한 노동력을 제공할 수 없게 되는 것이다.

중국은 뒤를 추격하는 다른 나라에 비해 이미 인건비가 압도적으로 높다. 게다가 상승률까지 커지면 조만간 외수 의존 성장에 큰 기대를 걸 수 없게 된다. 이 경우 중국이 취할 수 있는 정책은 '외수 의존에서 내수 확대로'라는 경제의 구조 전환뿐이다.

이제 중국은 성장 모델의 최종 단계에 들어서려 하고 있다.

파업을 통해
소득 배증을 노리다

　대만의 홍하이정밀공업(鴻海精密工業)은 세계 최대의 전자제품 위탁제조서비스(EMS) 업체다. 이 업체는 애플의 아이폰, 휴렛팩커드의 PC, 소니의 슬림형 텔레비전 등 세계 유수 메이커에서 위탁한 다양한 종류의 디지털 제품을 만든다.

　그런데 2010년부터 홍하이의 핵심 자회사인 광둥성(廣東省) 선전(深圳)공장에서 종업원 자살이 이어졌다. 가혹한 근무 환경과 장시간의 노동이 그 원인이라고 하지만 진실은 알 수 없다. 다만 자살 문제가 계기가 되어 중국의 노동자 임금이 크게 상승한 것만은 틀림없는 사실이다.

중국 내에 노동자의 처우 개선을 요구하는 목소리가 높아지자 홍하이 측은 6월에 종업원의 기본급을 30% 인상했다. 이어 같은 달에 일부 종업원의 기본급을 70% 가까이 올리기로 결정했다. 기본급이 단기간에 두 배 이상 오른 종업원도 있었다.

이후 임금 인상 파업이 중국 전체로 번져 나가기 시작했다. 6월에는 광둥성에 위치한 혼다 계열 부품 공장에서 파업이 일어났고 혼다는 임금을 20% 이상 인상했다. 곧이어 토요타 계열 부품 공장과 닛산자동차 거래처인 완성차 공장에서도 파업이 발생했다. 또한 대만계 기계 제조사와 스포츠용품 제조사에서도 파업이 이어졌다. 이렇게 임금 인상 파업은 연안지역에서 내륙지역으로 파급되어 갔다.

임금 인상 파업 문제의 밑바닥에는 앞서 설명한 노동력 인구 감소의 영향이 있음을 잊어서는 안 된다. 중국이 고성장을 거듭해 온 이면에는 가속화하는 빈부 격차 문제가 도사리고 있다. 특히 지금까지 낮은 임금을 참아온 공장 노동자들의 불만이 높아졌다. 2009년 도시지역 1인당 가처분소득은 17,175위안인데 비해 농촌지역 1인당 가처분소득은 5,135위안으로 그 격차는 세 배로 확대되었다.

중국 정부가 가장 두려워하는 것은 그 불만이 정부나 국가를 향하는 것이다. 그런 의미에서 정부는 중국 전역에서 빈발하는 임금 인상 파업을 오히려 환영하고 있다. 노동자의 임금 인상이 빠르게 진행되면 개인소비가 확대되어 내수 주도형 경제로의 전환이 앞당겨진다. 게다가 빈부 격차가 완화되고 노동자들의 불만도 해소되니 더욱 환영할 일이다. 중국 정부의 입장에서 임금 인상 파업은 일석이조인 셈이다.

지방정부도 노동자의 임금 인상을 가속하기 위한 환경을 정비하기 시작했다. 연안지역의 지방정부는 줄줄이 노동자의 최저임금 인상에 나서고 있다. 이미 광둥성(廣東省)과 푸젠성(福建省), 저장성(浙江省)은 20% 전후의 인상을 결정했다.

일부 지방정부는 임금 인상 파업을 조장하는 듯한 조례를 제정하려는 움직임도 보이고 있다. 외자계 기업이 몰려 있는 선전시(深圳市) 조례안에는 '종업원 절반 이상의 급여가 선전시 평균 임금의 50%에 미달하는 경우, 종업원은 단체교섭을 요구할 수 있다'라고 명기되어 있다. 그뿐 아니라 단체교섭 중에도 종업원에게 급여를 지불하도록 보증한다. 이 조례안이 가결되면 임금 인상 파업을 일으킬수록 노동자들에게 득이 된다. 선전시가 전례가 되어 다른 대도시에서도 유사한 조례가 만들어질지도 모른다.

중국 정부는 2011년부터 시작된 5개년 계획에 '소득 배증 계획'을 넣는 안을 검토하고 있다. 1960년대에 일본의 이케다 내각에서 내세운 '소득 배증 계획'을 참고한 것이다. 소득 배증 계획은 1960년에 이케다 내각이 제시한 장기 경제 계획으로, 1961년부터 10년 동안 실질국민소득을 갑절로 늘리는 것을 목표로 했다.

국민소득이 두 배가 되면 중국 정부가 우려하는 격차 문제 해소
와 개인소비 증가에 따른 내수 확대의 포석이 될 수 있다. 그러나
GDP 대비 개인소비 비율을 다른 선진국과 비슷한 60% 정도까지
끌어올리려면 아무리 빨라도 10년 이상 걸릴 것이다.

중국이 끌어안은
네 가지 리스크

외수 의존에서 내수 주도로 구조를 전환하는 데는 시간이 걸릴 뿐 아니라 다양한 리스크도 따른다. 그것은 외자기업 철수 리스크, 인플레이션 리스크, 국가 통제 경제의 효과 감소 리스크, 민주화 운동 고양이라는 네 가지로 집약된다.

우선 외자기업 철수 리스크의 경우, 지금처럼 노동자 임금 상승이 계속되면 틀림없이 큰 문제로 발전할 것이다. 임금 상승의 영향으로 외자기업은 이미 중국을 떠나고 있다. 앞서 말한 홍하이의 자회사는 동남아시아나 남아시아로 공장 이전을 검토하고 있으며 2010년에 인도와 인도네시아, 베트남으로 시찰단을 보내기도 했다.

미국과 유럽, 일본의 기업도 같은 생각을 하고 있다. 앞으로 모든 외자기업이 공장이나 사무소를 좀 더 임금이 싼 국가로 옮기려는 경향이 강해질 것이다. 미국 기업은 남미로, 유럽 기업은 북아프리카로, 일본 기업은 동남아시아나 남아시아로, 대개는 지리적 위치가 가까운 국가로 이전을 추진할 가능성이 크다. 그렇게 되면 중국의 국내 고용은 감소하고 실업률은 높아진다. 실업률이 높아질 경우 사회 불안이 증가하고 그 불만의 화살은 중국 정부를 향할 수밖에 없다.

일례로 훙하이의 자회사는 주력 생산 거점인 광둥성 선전시에서 약 45만 명, 중국 전체에서 약 80만 명의 종업원을 고용하고 있다. 따라서 공장의 일부만 다른 나라로 이전해도 중국의 국내 고용에 큰 영향을 미친다.

물론 중국 정부가 이런 움직임을 가만히 보고만 있을 리는 없다. 중국 정부는 가능한 외자기업이 국내에서 벗어나지 못하도록 임금이 싼 내륙지역으로 유도할 것이다. 훙하이의 자회사도 모든 공장을 국외로 옮기지 않고 일부를 내륙지역으로 이동하기로 결정했다. 만약 중국 정부가 바라는 대로 진행된다면 내륙지역의 노동자 임금도 바닥을 벗어나고 연안지역과의 격차도 해소할 수 있을 것이다. 하지만 중국 정부의 계획이 어긋나 예상보다 많은 외자기업이 국외로 떠난다면 정부뿐 아니라 국민에게도 손해다.

다음은 인플레이션 리스크인데, 이것은 노동자의 임금이 상승하면서 발생한다. 노동자의 임금이 오르고 소비가 확대되어 물가가 상승하는 것은 '건전한 인플레이션'이 일어나는 과정이다. 그러나 2010년 들어 중국의 연안지역 임금은 너무 짧은 기간에 크게 상승했다. 이 경우 건전한 인플레이션의 범위를 벗어나 물가가 폭등할 위험이 있다. 중국의 소비자물가 상승률은 이미 3%를 넘어 예금금리인 2%대를 웃돌고 있다. 즉, 은행에 돈을 맡겨도 돈의 가치가 줄어드는 상황이다.

경제의 본질에서는 물가 상승률이 예금금리보다 높으면 돈은 투자나 투기에 몰리기 쉽다. 중국도 예외가 아니어서 투자나 투기 자금이 부동산과 농산물로 유입되어 인플레이션을 가속화하고 있다. 앞서 설명한 대로 중국 정부는 부동산 투자나 투기 과열을 막기 위해 미리 손을 쓰는 정책을 차례차례 내놓았다. 물론 농산물 투기 규제에도 나섰다. 마늘이나 녹두, 옥수수 등이 투기의 대상이 되어 가격이 급등했지만, 중국 정부는 소수의 업자가 농산물을 매점매석하고 가격을 끌어올리는 일이 생기지 않도록 거래를 강화하는 방침을 내놓았다.

지금까지는 빠른 규제에 성공해 부동산과 농산물 가격 상승을 일시 억제할 수 있었다. 그렇지만 앞으로 임금상승이 계속되면 인플레이션 경향이 더욱 강해질 수밖에 없다. 언젠가 중국 정부도 인플레이션 억제에 대처할 수 없는 시기가 올지 모른다.

이 두 가지 리스크는 현재 겉으로 드러나고 있으며 이후에도 계속 걱정스러운 문제다. 중국 정부가 어떻게 대처하는지는 앞으로 성장을 목표로 하는 나라에 귀중한 연구 대상이 될 것이다.

10년 후 중국

앞의 두 가지와 달리 다음의 두 리스크는 중국이 5~10년 후를 생각하고 의식해야 하는 문제다.

국가 통제 경제의 효과 감소 리스크는 GDP에서 차지하는 개인 소비 비율이 매년 늘어가면서 발생하게 된다. 내수가 확대되어 개인소비 비율이 늘어나면 경제에 미치는 소비자 심리의 영향이 강해진다. 인간의 심리는 국가의 뜻대로 움직이지 않는다. 개인소비가 현재처럼 GDP의 30%대 규모라면 국가가 경제를 제어할 수 있지만, 내수가 확대될수록 점차 제어하기 어려워진다. 그 점에서는 중국도 다른 선진국과 엇비슷해지고 있는지 모른다.

소비자 심리의 영향이 커지면 국가가 거액을 풀어도 효과가 나타나지 않는다. 만약 GDP 대비 개인소비 비율이 60%를 차지하게 된다면 리먼 쇼크 후에 실시한 것 같은 대규모 경기부양책을 실시하더라도 같은 경기 회복 효과를 기대할 수 없다.

외수 의존에서 내수 주도로의 구조 전환은 중국의 염원이다. 그러나 그 과정에서 국가 통제 경제가 정체에 빠지는 리스크를 끌어안게 된다는 점을 고려하면 경제 정책은 그야말로 모순투성이에다 어려운 일이라는 생각이 든다.

마지막으로 '민주화 운동 고양'은 중국 정부에 가장 위험한 리스크가 될 것이다. 이것은 공산당이 주도하는 일당 독재체제가 붕괴할 수도 있는 문제다. 노동자의 소득이 오르면 민주화 운동이 일어난다는 사실은 역사가 증명한다. 동아시아에서도 한국과 타이완이 그러했다. 자유롭게 사용할 수 있는 돈이 늘어난다는 것은 곧 생활 방식이나 행동에서 선택지가 늘어난다는 의미다. 그 과정에서 '내 의지로 모든 것을 결정하겠다'는 사람들이 늘어나고 국가의 독재와 통제에 반발하는 분위기가 형성된다.

2009년 중국의 1인당 GDP는 약 3,500달러인데 이는 세계 100위 정도의 낮은 수준이다. 그러나 5년 후에는 7,000달러 이상이 되고, 10년 후에는 1만 달러를 여유롭게 넘길 것으로 추정된다. 소득이 늘어 자유롭게 돈을 쓸 수 있는 소비형 사회에서 국가 통제 체제는 점차 기능할 수 없게 된다. 그렇다면 중국에서도

5~10년 내에 민주화 열기가 뜨거워지고 민주화를 향한 흐름에 가속이 붙지 않겠는가.

한국과 타이완에서도 1인당 GDP가 1만 달러를 넘은 1990년대에 급속하게 민주화가 진행되어 국가의 형태가 크게 바뀌었다. 중국은 일본의 역사를 열심히 연구하고 있지만, 일본은 2차 대전 이후부터 줄곧 민주국가였으므로 이 점에서는 별 도움이 되지 않는다. 어쩌면 중국은 한국과 타이완의 민주화나 소비에트연방의 붕괴도 연구하고 있을지 모른다. 그렇지만 경제성장이 진행되는 가운데 민주화를 막을 처방전이 과연 있을지 의문이다.

10년 후 중국은 공산당의 일당 독재체제가 붕괴하고 평범한 자유주의 경제를 외치는 국가로 변모해 있을까? 아니면 국민과 어찌어찌 타협하여 공산당의 일당 독재체제를 그대로 유지하며 국가 통제 경제를 계속하고 있을까? 어느 쪽이 되든 중국이 현재처럼 국가 주도로 높은 경제성장을 구가하며 국제사회에서 눈에 띄는 존재감을 유지하기는 어려워 보인다.

중국의 정치 경제는 5년 후를 바라보면 낙관적이지만, 10년 후도 낙관할 수 있는 상황은 아니다.

저출산 고령화로 드러나는 중국의 약점

임금 상승으로 발생하는 네 가지 리스크 외에 또 하나 걱정되는 큰 문제가 바로 저출산 고령화다.

이 문제는 1979년에 도입한 한 자녀 정책의 영향이 크다. 저출산 고령화는 5년이나 10년 주기가 아니라 20년, 30년의 기나긴 주기로 형성되는 문제다. 앞으로 20~30년 동안 중국의 저출산 고령화는 일본보다 빠른 속도로 진행될 것으로 보인다. 이르면 2013년에 15~64세 노동력 인구가 감소세로 돌아설 전망이다. 60세 이상의 고령자 비율은 2009년의 약 13%에서 2020년에는 약 17%로 늘어날 것으로 예상된다.

저출산 고령화가 진행되면 여기에서 여러 가지 새로운 문제가 파생된다. 예컨대 일본은 저출산에 따른 노동력 인구 감소로 국가의 경제규모(GDP)가 확대되기 어려운 상황에 놓여 있다. 노동력 인구 감소로 일을 하고 임금을 받는 인구가 감소하면 소비가 좀처럼 늘지 않는 현상도 나타난다. 그 결과 소득세나 법인세 등의 세수가 감소해 국가 재정에도 파장이 미친다. 게다가 인구 고령화로 사회보장비가 점점 팽창하여 최소한의 사회보장을 유지하기 위한 증세를 피할 수 없는 사태에 이른다. 그런데 국민의 세 부담이 늘어나면 소비가 더욱 냉각되고 경제도 한층 악화될 수밖에 없다.

과연 중국에서도 일본과 같은 일이 일어날까? 그렇지 않다. 중국은 앞으로도 계속 노동자 임금이 상승하여 노동력 인구 감소를 메우고도 남을 것이다. 임금 상승률은 서서히 둔화하겠지만 적어도 향후 10~20년은 계속 오를 것으로 보인다. 따라서 소비가 줄기는커녕 오히려 늘고 소득세와 법인세 등의 세수도 상승세를 유지하게 된다.

그렇다면 큰 리스크란 대체 무엇을 말하는 것인가? 중국은 고령자의 생활을 보장하는 연금이나 의료보험 등 사회보장제도가 거의 정비되지 않았다. 이 경우 노인들은 대개 자식에게 의지하게 마련인데 1980년 이후에 태어난 아이들은 기본적으로 외동자식이다. 이 아이들은 앞으로 혼자서 양친을 부양해야 한다. 외아들, 외동딸로 귀하게 자라난 탓에 참고 인내하는 가치관을 익히지 못한 젊은 이들이 나이든 부모를 제대로 부양할 수 있을지 의문스럽다.

여기에다 갈수록 직업이 없는 젊은이들이 늘고 있다. 그 배경에는 하나뿐인 자식에게 거는 부모의 기대나 투자하는 교육비가 커져 대학 진학률이 급속하게 높아진 사회 현상이 있다. '애써 대학까지 나왔는데 공장 노동자는 될 수 없다'고 생각하는 젊은이들이 많아 실제로 대학 졸업자의 30% 이상이 일자리를 구하지 못하고 있다. 매년 대학 졸업자 600만 명 중 200만 명이 실업자 대열에 합류하고 있다. 이런 상황을 생각하면 조만간 증가할 고령자를 누가 돌볼 것인가 하는 사회 문제가 떠오른다.

중국 정부는 아직 해결 방안을 내놓지 않고 있다. 지금까지 그러한 리스크는 생각지도 못했을 것이다. 문제가 불거진 이후 정부가 서툴게 선진국의 사회보장제도를 흉내내 현역세대에게 부담을 지운다면 현역세대의 불만이 높아지고 이는 전국적인 폭동으로 발전할 우려가 있다. 현역세대와 고령세대 간의 대립의 골이 깊어져 국가 전체가 삐걱거릴지도 모른다.

요컨대 중국은 저출산 고령화가 진행되면서 국가의 사회보장제도가 너무 취약하다는 사실이 드러난 탓에 사회 불안이 고조될 리스크를 안고 있다.

인민은행의 움직임을 읽는 방법

중국의 인민은행이 선진국 중앙은행과 크게 다른 점은 정부로부터 독립되어 있지 않다는 것이다. FRB나 일본은행은 정부와 상관없는 별개의 독립기관이지만 인민은행은 정부의 하부조직이다.

저우샤오촨(周小川) 인민은행장은 정부 각료로 공산당 내 서열로 말하면 당의 정책을 결정하는 중앙정치국 25명에 들지 않으며 그 아래 180명이나 되는 중앙위원 중 하나다. 이는 곧 정부 일인자인 원자바오(溫家寶) 총리와 공산당 일인자인 후진타오(胡錦濤) 주석이 금융 정책 결정권을 쥐고 있음을 의미한다. 원자바오 총리는 국내외에서 경제나 금융 정책에 대해 자주 발언하지만 후진타오

주석은 경제를 많이 언급하지 않는다. 따라서 원자바오 총리의 발언을 주시하면 인민은행의 다음 움직임을 미리 읽을 수 있다. 다시 말해 금융 정책에 어떤 변화가 있을 경우 원자바오 총리가 국내외에 메시지를 발신하는 일이 많으며, 인민은행은 그 뜻에 따라 금융 정책을 실행한다고 보는 것이 타당하다.

또한 인민은행은 선진국 중앙은행과 달리 보유자산으로 외화표시 자산을 갖고 있는데 그 비율이 두드러진다. 2009년 말, 인민은행이 보유한 외화표시 자산은 18조 5,333억 위안으로, 총자산의 80% 이상을 차지했다. 2000년부터 비교하면 외화표시 자산의 규모는 약 12배, 총자산에서 차지하는 비율은 40% 미만에서 2배 이상 팽창했다는 계산이 나온다.

외화표시 자산이 급증한 계기는 2001년 중국의 WTO 가입에 있다. 이때부터 중국은 위안화를 낮은 환율로 억제해 수출을 확대하는 전략을 펼쳤다. 이를 위해 인민은행은 외환시장에서 여러 차례 달러 매입 매수를 반복했고 결과적으로 인민은행은 외화준비금으로 달러를 대량 보유하게 되었다.

선진국의 중앙은행은 환율 개입의 산물인 외화준비금을 자산으로 보유하지 않는다. 일본의 예를 들면 외화준비금은 국가의 특별회계에서 관리한다. 환율 개입에 사용하는 돈은 재무성이 발행한 채권으로 조달하기 때문이다. 그러나 중국은 환율 개입에 따른 외화준비금을 인민은행의 자산으로 계상한다. 인민은행이 개입을

늘려 외화준비금이 팽창하면 그대로 외화표시 자산이 늘어나게
된다.

만약 미국의 요구대로 위안화가 절상되면 인민은행의 보유자산
에 거액의 감액손실이 발생하는 사태를 피할 수 없다. 이 문제는
중국 정부 내에서 위안화 절상에 대한 반대론이 강한 요인 중 하
나이기도 하다.

정부로부터 독립하지 못한 인민은행의 자산은 곧 정부의 자산이
다. 정부의 자산이 대폭 줄어드는 사태를 정부 스스로 쉽게 용인할
리가 없다. '위안화 절상은 우리의 페이스대로 천천히 진행하겠다'
는 것이 중국 정부의 의향이고 인민은행은 그저 따를 뿐이다.

위안화 절상,
어디까지인가?

2005년 7월, 중국은 위안화 개혁의 일환으로 고정환율제에서 관리변동환율제로 이행하여 1달러당 8.28위안에서 8.11위안으로 위안화 가치를 약 2% 절상했다. 중국이 완만한 위안화 상승을 용인하면서 그 후에도 위안화 강세는 조금씩 진행되었다.

그러나 세계 금융위기가 발생하자 중국은 수출 기업의 실적 악화에 제동을 걸 필요가 있다는 판단에 2008년 7월 이후 위안화를 1달러당 6.83위안으로 사실상 고정했다. 알고 있다시피 미국의 위안화 절상 압력은 번번이 거절을 당했다.

그러다가 2010년 6월 중국은 위안화 시장의 탄력성을 높이겠다는 방침을 표명했다. 이를 '위안화 탄력화'라고 하는데, 고정된 위안화 시장을 이후로는 좀 더 유연하게 변동시키겠다는 의미다.

미국에서는 11월 중간선거를 앞두고 오바마 정권과 의회가 모두 위안화를 절상하지 않는 중국에 대해 비판적인 자세를 견지했다. 중국의 위안화 탄력화는 이러한 사정을 읽고 대외적인 어필의 일종으로 이루어진 것이다. 오바마 대통령은 즉각 위안화 탄력화를 환영하고 위안화의 완만한 상승이 바람직하다는 생각을 밝혔다.

하지만 '절상'과 '탄력화'는 별개의 사안이다. 중국이 위안화 절상을 받아들인 것으로 오해해서는 안 된다. 중국은 그저 탄력화 표명으로 위안화 시장을 높게 유도하려는 듯한 제스처를 보였을 뿐이다. 9월 들어 '위안화가 달러에 대해 2005년 7월 이후 최고치를 갱신했다'고 연일 보도했지만, 그것은 그냥 '최고치 갱신'을 연출한 것일 뿐, 사실상 위안화 강세는 그다지 이루어지지 않았다. 탄력화를 발표한 이후 확실히 달러 대비 위안화 시장은 상승했으나 그 상승률은 3개월이 지나는 동안 고작 1.7%에 머물렀다. 같은 기간에 일본 엔화의 상승률이 5.4%였던 데 비하면 확연히 낮은 상승률이다.

이처럼 중국은 소폭 상승률로 위안화 시장의 상승을 연출하면서 미국의 중간선거가 끝나고 중국에 대한 비판이 잦아들기를 기다렸다. 분명 적당한 시기를 보아 위안화 시장의 상승을 다시 억제하는 환율 조작을 할 것이다. 결국 탄력화를 표명해도 현실은 중국의 의도대로 진행되고 있다.

중국은 과거에 일본이 변동환율제 채택과 플라자 합의[*] 이후의 엔고 현상으로 얼마나 힘들어했는지 잘 알고 있다. '외압에 밀려 엔고를 이른 단계에 허용한 것이 일본 최대의 실수였다'는 것이 중국이 얻은 결론인 듯하다.

언젠가 위안화를 절상하더라도 또는 위안화 상승을 허용하더라도 가능한 천천히 하고 싶은 것이 중국의 일관된 생각이다. 솔직히 말해 위안화의 대폭 상승은 앞으로 5~10년 기다려주기를 바라는 것이 중국의 본심이 아니겠는가.

밀려드는 중국의 민주화 흐름

강한 중국의 비밀은 국민과 정부 양측에서 찾아볼 수 있다. 우선 중국 국민은 동기가 강하며 풍족함을 추구하여 열심히 공부하고 맹렬하게 일한다. 그 모습은 과거 고도성장을 이뤄내던 무렵의 일본인과 닮은꼴이라고 할 수 있다.

어떤 나라, 어떤 사회든 어느 정도 부유하게 되기까지는 의욕과 동기가 높게 유지된다. 중국도 연안지역의 대도시에서는 일부 사람들이 엄청난 부를 누리고 있지만, 내륙지역의 농촌을 포함한 국토 전체를 보면 아직 상승을 꿈꿀 여지가 많다. 따라서 중국인의 동기는 이후로도 계속 높은 수준을 유지할 것으로 보인다.

다음으로 중국 정부는 역사로부터 잘 배운다는 특징이 있다. 그 때문에 중요한 국제회의에서도 장래 자국이 궁지에 몰릴 만한 사안에는 결코 찬성하지 않는다. 미국의 끈질긴 위안화 절상 요구에 쉽사리 꺾이지 않는 것도 그 특징을 잘 보여주는 예라 할 수 있다.

과거에 경상수지 적자와 재정 적자라는 쌍둥이 적자로 고생한 미국은 거액의 경상수지 흑자를 문제 삼아 플라자 합의에서 일본에 약달러 엔고를 추진하도록 했다. 결국 급격한 엔고가 진행되면서 일본은 불황에 빠져들었다. 당시 일본은행은 불황을 타개하기 위해 저금리를 유지하는 경기부양책을 실시해 거품 경제를 헤쳐나갔다.

중국 정부는 그러한 일본의 실수를 반면교사 삼아 앞으로도 미국의 통화 절상 요구를 회피하면서 강하고 약삭빠르게 행동할 것이다. 만일 어느 시점에서 미국의 요구를 받아들이게 되더라도 그 나름의 반대급부를 손에 넣을 것이 분명하다.

중국 정부에는 일본에 없는 강인함과 교활함이 있다. 때로 그 강인함으로 국제사회를 뒤흔들기도 하고, 또 교활함으로 세계 각국으로부터 비난을 받기도 한다. 하지만 중국은 이제 무시할 수 없는 나라다. 좋은 의미만 있는 것은 아니지만 어쨌거나 강국이다. 그러기에 5년 단위로 보면 중국의 미래는 밝다고 할 수 있다. 이후로도 중국은 경제규모를 확대해 세계 경제에서 존재감을 키울 것이 틀림없다.

그러나 국민의 강한 동기가 한 사람 한 사람을 풍족하게 하면 결국 민주화 운동에 대한 동기로 전환되는 미래를 피할 수는 없다. 중국 정부가 아무리 성실하게 역사를 연구해도 민주화의 흐름을 멈출 수는 없을 것이다.

10년 단위로 보면 중국 정부의 미래는 오히려 어두워진다. 정치도 경제도 지금까지 그랬던 것처럼 국가가 마음먹은 대로 통제할 수 없게 되기 때문이다.

제5장

세계 경제의 미래

세계 경제가 안고 있는
두 가지 본질

어떤 사건을 이해하려고 할 때 사건의 '본질'에 주목하는 것은 매우 중요하다. 본질은 사건의 동향과 흐름을 결정하는 보편적 요소이기 때문에 본질을 아는 것만으로도 미래 예측 가능성이 커진다.

세계 경제(글로벌 경제)를 읽고 해석할 때도 마찬가지다. 경제는 결코 교과서대로 움직이지 않는다. 불확실하고 법칙성이 없으므로 그 본질이 무엇인지 파악하는 눈을 키울 필요가 있다.

5장에서는 세계 경제가 안고 있는 두 가지 본질을 통해 이후 세계의 움직임을 예측하고자 한다. 덧붙이자면 이 두 가지 본질은 '세계 경제의 약점'이라고 바꾸어 말할 수 있다. 최근 몇 년 동안의 세계 경제 불안정은 이 본질이 초래했기 때문이다.

세계 경제가 안고 있는 두 가지 본질에 대해 알아보자.

첫 번째는 '불균형 누적 경제'다. "누적된 불균형은 언젠가 해소되는 방향으로 향하게 된다"는 말은 경제뿐 아니라 모든 것에 적용되는 섭리다. 불균형이란 사물의 균형이 깨진 상태를 말한다. 따라서 어긋남과 뒤틀림이 확대되어 언젠가는 그 상태를 유지할 수 없는 때가 온다. 갑자기 불균형을 해소하려는 급격한 움직임이 일어나면서 결과적으로 불균형이 사라지게 된다.

지진이 일어나는 메커니즘을 떠올리면 이해하기가 쉽다. 지구 내부의 맨틀 층에 떠 있는 대륙판은 조금씩 이동한다. 해양판과 대륙판이 부딪히는 곳에서는 해양판이 대륙판 아래로 밀려들어가게 된다. 이때 대륙판이 해양판과 함께 끌려들지 않으려고 저항하는 과정에서 두 판의 뒤틀림이 발생하고, 시간이 가면서 뒤틀림은 계속 축적된다. 마침내 대륙판이 뒤틀림을 견디지 못하게 되었을 때, 대륙판은 뒤틀림이 발생하기 전 상태로 돌아가기 위해 튀어오른다. 이것이 지진이 일어나는 메커니즘이다. 지진은 대륙과 해양 두 판 사이에서 발생하는 작은 불균형이 누적돼 더 이상 견딜 수 없을 때 일어난다.

뒤틀림이 영원히 확대되는 일은 없다. 언젠가 반드시 뒤틀림의 원인인 불균형을 해소하려는 강한 힘이 작용하게 된다. 다만 그 힘의 크기에 따라 불균형 해소의 정도에 차이가 생길 뿐이다. 불균형의 완전 해소를 위해 대규모 사태가 일어난 경우, 뒤틀림도 제로가 되기 때문에 당분간은 다음 사태가 일어날 염려가 없다. 하지만 불균형을 모두 해소하지 못하는 '작은 사태'가 일어나면 뒤틀림이 완전히 해결되지 않고 남게 된다. 그리하여 짧은 간격으로 다시 불균형이 쌓이고 사태가 반복될 가능성이 커진다.

이것도 지진을 예로 들면 알기 쉽다. 대규모의 지진이 한 번 일어나면 같은 규모의 지진이 다시 일어나기까지는 상당한 기간이 걸린다. 그러나 진도 5 정도의 지진은 짧은 주기로 같은 규모의 지진이 발생할 가능성이 크다.

마찬가지로 세계 경제에는 다양한 불균형이 존재한다. 그 불균형이 점차 누적되어 뒤틀림을 견딜 수 없게 되었을 때 세계 경제에도 대지진이 일어나게 된다.

신흥국의 불만이 폭발하다!

　세계 경제를 하나의 틀로만 바라보면 여러 불균형이 존재한다는 사실을 간과하게 된다. 현상을 바르게 이해하기 위해서는 세계 전체를 몇 가지 틀에서 복합적으로 파악해야 한다.

　예를 들면 선진국과 신흥국 사이에는 대표적으로 두 가지 불균형이 존재한다. 첫째는 '저성장과 고성장'이라는 성장률 불균형이고, 둘째는 '금융 완화와 금융 긴축'이라는 금융 정책의 불균형이다.

　세계 금융위기 후 새로운 성장 프로세스를 내놓지 못하고 있는 미국과 유럽 등 주요 선진국에서는 이후로도 0~2%의 저성장 시대가 계속될 것으로 보인다. 특히 유럽의 경우 재정 재건을 우선시하는 2011~2013년까지는 마이너스 성장으로 전락할 수도 있다.

이러한 가운데 선진국에서는 어떻게든 경기를 떠받치려고 중앙은행이 금융 완화를 실시하고 있다. 많은 선진국이 거액의 재정 적자를 끌어안은 상태라 정부가 경기부양을 위해 공공사업 등에 재정을 지출할 여력은 거의 남아 있지 않다. 지금은 원하는 만큼 효과를 기대할 수 없더라도 금융 완화에 의지할 수밖에 없는 상황이다.

선진국의 처지와는 대조적으로 중국이나 인도, 브라질, ASEAN 등 신흥국에서는 금융위기의 상처에서 이미 회복되어 높은 성장률을 유지하고 있다. 중국은 2011년 이후에도 7~9%의 높은 성장률을 달성할 것이다.

인도와 브라질은 조금 열세이기는 하지만 6~7%의 성장률을 유지할 듯하다. 이들은 금융 정책으로 인플레이션을 억제하기 위한 긴축 정책을 실시하고 있다. 고성장이 계속되는 신흥국에서는 물가나 부동산 가격의 폭등을 막는 것이 최우선 과제이기 때문이다.

그러나 신흥국 정부가 아무리 인플레이션을 억제하려 해도 선진국의 금융 완화로 넘쳐나는 돈이 신흥국에 투자 자금으로 유입되는 상황이다. 이처럼 선진국의 금융 완화 자금이 신흥국의 인플레이션에 박차를 가하는 역설적 결과를 낳는 바람에 신흥국은 불만을 표출하고 있다.

선진국과 신흥국은 정반대의 처지에 놓여 있고 그 사이에서 성

장률과 금융 정책의 불균형이 누적되고 있다. 만약 선진국의 침체
가 이대로 계속된다면 불균형은 더욱 확대될 것이다.

세계 경제는 불균형 위에 성립되었다

경상수지 흑자국과 경상수지 적자국 사이에도 불균형은 존재한다. 이 불균형은 전 세계 여러 시스템으로 확대되고 있다.

금융위기가 발생하기 전, 세계 경제에서 가장 큰 뒤틀림은 '경상수지 적자가 팽창하는 미국과 경상수지 흑자가 늘어가는 중국 및 신흥국'의 불균형으로 발생했다.

중국을 비롯한 신흥국의 성장이 뚜렷해지던 2000년 전후부터 미국의 무역 적자액은 급격히 증가했다. 1990년에 808억 달러였던 적자액은 1998년 1,661억 달러, 2000년 3,798억 달러로 증가하더니 2006년에는 사상 최고인 7,585억 달러에 달했다. 미국은 이 적자를 메우기 위해 국채를 대량 발행할 수밖에 없었고, 다른 경상수지 흑자국은 벌어들인 달러로 미 국채를 사서 떠받치게 되었다.

미 국채 보유잔액 상위 2개국은 중국과 일본으로, 특히 중국의 구입액은 2002년 무렵부터 급증하고 있다. 그 증가 추이는 미국의 무역 적자가 늘어가는 시기와 일치한다. 2008년 8월에는 중국의 미 국채 보유잔액이 5,850억 달러에 달하면서 일본을 젖히고 최대의 미 국채 보유국이 되었다. 이에 따라 국채를 계속 발행한 미국과 그 국채를 계속 구입한 중국 사이에 불균형이 확대되었다.

이번에는 국민 대 국민 수준에서 불균형을 찾아보면, '미 국민의 빚 팽창과 중국 등 다른 국가 국민의 저축 과다'를 발견할 수 있다. 미 국민이 과잉 소비로 빚을 늘려가는 동안 중국 등 다른 국가의 국민은 대미 수출이 증가하면서 저축을 늘려가는 구도가 성립되었다.

그밖에 EU라는 하나의 공동체 내에서도 불균형이 존재한다. 3장에서 설명했듯 독일이나 프랑스 등 경상수지 흑자국과 그리스, 스페인 등 남유럽 국가들을 중심으로 하는 경상수지 적자국 사이에도 불균형은 현재진행형으로 누적되고 있다.

나아가 한 국가 내에서도 불균형이 나타난다. 세계 여기저기에서 빈부 격차가 확대되고 있는데 중국 연안지역과 내륙지역 사이의 격차 확대가 대표적이다.

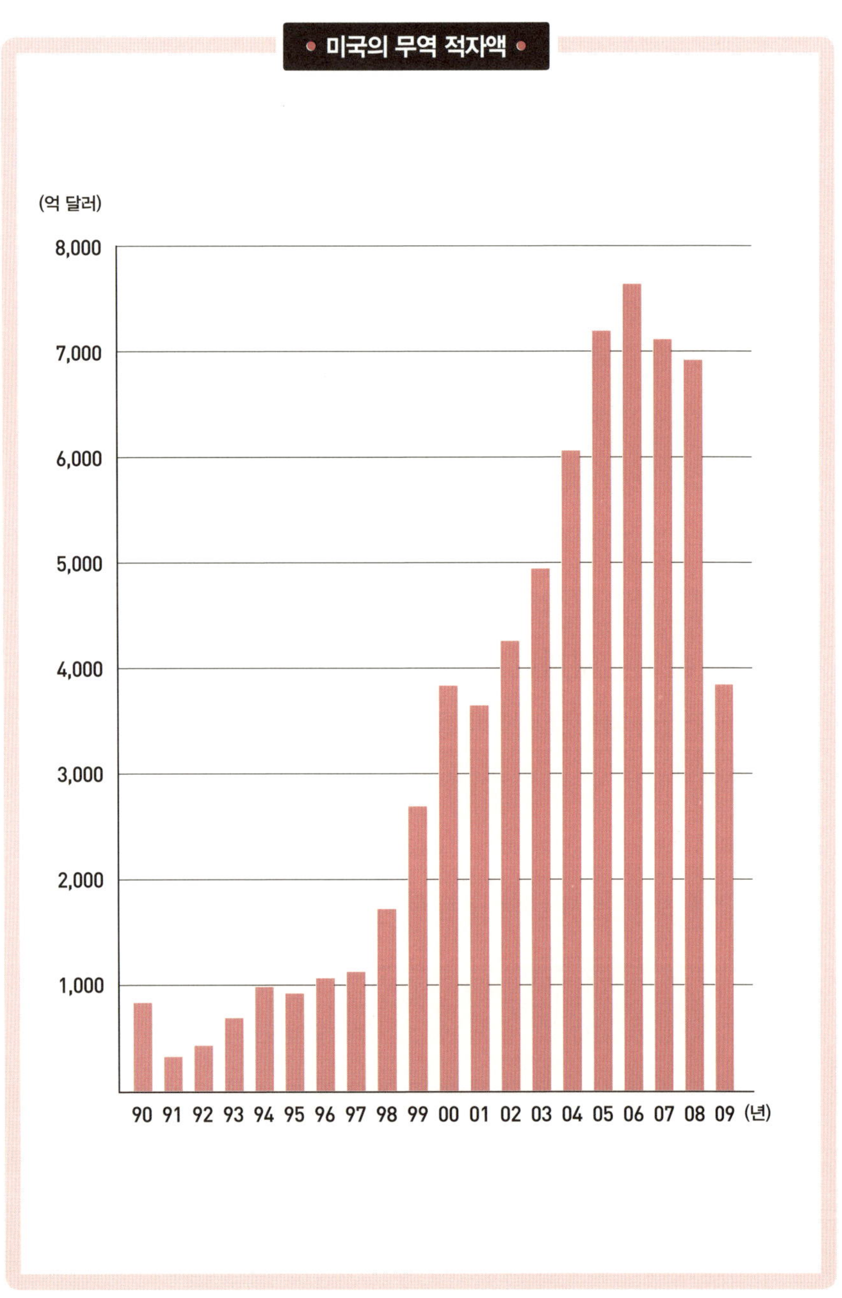

미국의 무역 적자액
(억 달러)
8,000
7,000
6,000
5,000
4,000
3,000
2,000
1,000
90 91 92 93 94 95 96 97 98 99 00 01 02 03 04 05 06 07 08 09 (년)

불균형은 국가와 국가, 지역과 지역 사이에서만 발생하는 것이 아니다.

또 다른 시각으로 보면 금융 경제와 실물경제 사이에도 불균형이 확대되고 있다. 1980년대 이후 미국의 무역수지 적자 탓에 전 세계로 퍼져나간 달러는 다시 미국의 국채와 금융상품으로 흘러들어 갔다. 이로써 세계 금융자산 규모는 팽창하기 시작했다. 1980년의 세계 금융자산 규모는 12조 달러로 세계 GDP 합계액과 거의 같았다. 그러나 그 후 실물경제 성장을 크게 웃도는 페이스로 금융 경제 팽창이 계속되어 2006년에는 세계 GDP 합계액의 3.5배인 167조 달러로 커졌고, 2007년 최고 성장기에는 4배 가까운 180조 달러까지 치솟았다.

30년이라는 긴 세월에 걸쳐 금융 경제와 실물경제의 불균형이 크게 확대되었음을 알 수 있다.

불균형을 해소하려
참극이 일어난다

　불균형 중에는 더 이상 뒤틀림을 견디지 못해 참극이 빚어진 경우도 있다. 미국의 주택 거품 붕괴가 그 대표적인 사례다. 이것은 경상수지 적자국인 미국과 다른 경상수지 흑자국 사이의 불균형을 해소하려는 과정에서 일어난 참극이다.

　2007년까지는 대미 수출로 수익을 올린 경상수지 흑자국이 그 돈으로 미 국채를 매입하는 구도가 성립되어 있었다. 그러나 미국이 계속해서 경상수지 적자를 늘릴 수도 없고 중국이나 일본 등 경상수지 흑자국이 마냥 미 국채 구입을 늘릴 수도 없다. 이 사실은 누구라도 이해할 수 있는 문제다. 누적된 불균형이 어딘가 해소될 틈으로 향하는 것은 자연의 섭리다.

불균형 해소는 언제나 갑자기 급격하게 찾아온다. 미국 주택 거품 붕괴도 그러했다. 거품 붕괴로 미 국민이 이전처럼 과잉 소비를 할 수 없게 되자, 미국의 무역 적자액은 팽창일변도에서 일시적이나마 축소로 돌아섰다.

주택 거품 붕괴의 계기가 된 서브프라임 사태도, 그 뒤에 이어진 리먼 쇼크도, 금융 경제와 실물경제규모의 불균형을 해소하기 위해 일어난 참극이다. 금융 경제가 이렇게까지 팽창한 것은 전 세계적으로 저축이 급증했기 때문이기도 하지만, 무엇보다 미국과 유럽의 금융기관이 높은 레버리지로 거래를 확대한 결과다. 실물경제와 크게 동떨어진 금융 경제의 팽창을 막으려면 유럽과 미국 금융기관의 폭주에 제동을 걸 필요가 있었다. 이를 증명하듯 서브프라임 담보증권의 폭락이나 리먼브러더스의 파산으로 주식 등 금융상품이 폭락했다. 미국과 유럽의 금융기관은 물론 전 세계이이 소유한 금융자산 가치가 크게 감소되는 사태가 일어난 것이다.

그리스 위기는 EU 내 경상수지 흑자국과 경상수지 적자국 사이의 불균형 때문에 일어났다. 경제구조와 생산성에서 큰 차이가 있는 국가들이 단일 통화를 사용함으로써 발생한 뒤틀림에 대해서는 3장에서 설명한 그대로다.

그러나 최근 몇 년 동안 일어난 여러 사건이 불균형을 모두 해소할 수 있을 만큼 '대참극'이라고 할 수는 없다. 뒤틀림이 어느 정도 완화되기는 했지만 완벽하게 리셋될 정도에 이르지는 못했다. 경상수지 흑자국과 경상수지 적자국, 금융 경제와 실물경제의 불균형을 완전히 해소하기 위해서는 1929년 세계 대공황에 필적하는 '대참극'이 필요하다.

서브프라임 사태와 리먼 쇼크, 이어진 세계 동시 불황은 불균형을 모두 해소할 정도의 힘으로 작용하지 못했다. 미국은 여전히 적자에 허덕이고 있고 금융 완화로 금융 경제가 부활하고 있다. EU도 남유럽 국가들을 중심으로 하는 고액 채무국이 파산할 정도의 '대참극'이 일어나면 불균형은 한꺼번에 해소될 것이다. 하지만 그리스 위기나 유로 약세 정도의 참극으로는 뒤틀림이 여전히 높은 수준으로 남게 된다. 결국 EU는 가까운 미래에 다시 '참극'이 일어날 리스크가 높다.

'대참극'이 일어나면 세계 경제와 사람들의 생활에 크나큰 고통이 따른다. 평온한 상황으로 되돌리기까지는 그에 상응하는 시간과 노력이 필요하다. 그러나 불균형이 완전히 해소되면 이후에는 '대참극'도 '참극'도 일어나지 않는다. 더불어 긴 안정기가 도래한다.

만약 서브프라임 위기나 리먼 쇼크 대신 세계 대공황이 일어났다면, 적어도 20년 이상에 걸친 '경제의 안정'을 되찾을 수 있었을지도 모른다.

이후로도 몇 년 단위로 위기가 닥친다

현실에서는 불균형 해소가 엉거주춤하게 끝났다. 이는 곧 세계 경제가 '○○위기'나 '○○ 쇼크'라고 불리는 사건이 몇 년 단위 주기로 반복될 리스크를 안게 되었음을 의미한다. 남아 있는 불균형은 언젠가 다시 해소되기 위해 꿈틀거린다. 그 때마다 그리스 위기나 리먼 쇼크 레벨의 사태가 발생할 것이다.

불균형이 다시 누적되고 있다는 사실을 뒷받침하는 데이터나 수치는 얼마든지 찾아볼 수 있다. 예를 들면 미국의 무역수지 적자는 주택 거품 붕괴 후에 일단 감소하는 경향으로 돌아섰지만 2010년 들어 다시 증가세를 보이고 있다. 6월 무역 적자는 499억 달러로 2008년 10월 이후 가장 높은 수준이다.

금융 경제 규모도 서브프라임 위기와 리먼 쇼크에 의해 일시적으로 축소되었다. 그러나 그 후에 선진 각국이 금융 완화를 진행하면서 시장에 돈이 대량 공급돼 다시 실물경제에 비해 팽창하는 정도로 커졌다. 전 세계 헤지펀드 통용 총액은 지금 약 1조 5,000억 달러에 이른다. 최고 전성기에 2조 달러를 돌파한 총액이 리먼 쇼크로 크게 감소했으나 최근에는 다시 자금 유입이 이어지고 있다. 당사자끼리 직접 거래하는 '딜리버티브 시장(Derivative Market)' 잔액도 세계 전체적으로 여전히 600조 달러나 된다. 세계 GDP 합계 금액의 10배에 달하는 액수다.

한편, 부활한 금융 경제는 그리스 위기 발생 시기를 앞당기는 모순을 낳았다. 이익을 추구하는 윤택한 금융 자본은 재정 악화로 약해진 그리스의 국채 시장을 공격했고, 그리스 정부는 얼마 버티지 못하고 EU에 구제를 요청했다. 여기서 놓쳐서 안 되는 점은 금융 경제 팽창이 제2, 제3의 그리스를 찾아 이익을 얻으려 하고 있다는 것이다. 실물경제에 비해 금융 경제가 지나치게 팽창해 불균형이 유발되었음에도 금융 경제는 세계 경제의 불균형을 찾아 공격함으로써 세계 어딘가에서 또 다시 참극을 일으키려 하고 있다.

세계 경제의 불균형을 해소하려면 G20이 제대로 기능해야 한다고 생각하는 사람도 있을 것이다. 물론 G20에 참가하는 국가들이 세계 GDP의 약 90%를 차지하고 있으니 G20 회의에서 효과적인 대응책을 이끌어내는 것이 가장 바람직한 일이긴 하다. 그러나 그런 생각은 이상론에 지나지 않는다. G20 구성원 자체에 애초부터 무리가 있기 때문이다.

G20에는 중국과 인도, 브라질 등 신흥국 11개국이 포함되어 있지만, COP15에서 보듯 신흥국과 선진국 사이에는 큰 이해 대립이 있고 양측의 골을 메우기는 쉽지 않다. 각자 입장이 다르니 아무리 모여서 이야기를 나눠도 무언가 해결책이 나올 리 없다. 각각 자신에게 유리한 주장만 내세울 뿐 도무지 하나의 결론을 도출하지 못한다.

앞으로도 그리스 위기 수준의 참극이 주기적으로 일어날 것이다. 불균형 누적 경제에서 이것은 피할 수 없는 숙명인지도 모른다.

서브프라임 위기의
진상

금융 경제가 실물경제에 비해 비대해지는 원동력이 된 요인은 중국의 WTO 가입과 그에 따른 미국의 무역수지 적자 급증이다. 2001년 WTO에 가입한 중국은 수출 확대로 외화를 벌어들이는 전략을 취했고, 미국은 중국의 저렴한 제품을 대량 구입했다.

중국은 대미 수출 증가로 급격한 성장을 이루는 동시에 벌어들인 돈으로 미 국채를 사주었다. 이와 비슷한 관계가 중국뿐 아니라 다른 경상수지 흑자국과의 사이에서도 성립되었다.

즉, 미국의 무역수지 적자가 세계의 성장을 이끌고 세계의 성장이 미국의 빚을 메워주는 구도 속에서 금융 경제가 원활하게 순환한 것이다. 이러한 금융 경제 순환으로 세계의 돈의 흐름은 하나가 되었다. 더불어 금융 경제가 전 세계 경제에 미치는 영향도 이전에 비해 훨씬 커졌다. 이제는 세계 어느 나라에서 일어난 금융 경제 참사가 즉시 다른 국가에 연쇄 파급되고 피해를 확대한다. 금융 경제 전체에서 보면 보잘것없는 규모의 사건이 연쇄 확대돼 참사라고 할 만한 큰 사건으로 발전하고 마는 것이다.

이것은 금융 경제의 영향으로 세계 경제의 연쇄성이 강해진 결과다. 1990년대까지 세계 경제를 움직인 것은 금융 경제가 아니라 실물경제였다. 그러나 지금은 연쇄성 강한 경제가 탄생하여 금융 경제의 움직임이 세계의 실물경제를 크게 움직이는 상황이 되었다. 이 '연쇄 경제'가 바로 세계 경제가 안고 있는 두 번째 본질이다.

연쇄 경제를 증명해보인 대표적인 예가 서브프라임 위기라고 할 수 있다. 위기가 일어나기 전, 세계에 퍼진 서브프라임 담보증권의 규모는 고작 1조 달러였다. 전 세계 금융자산은 180조 달러 가까이 되므로 당초에는 '서브프라임 관련 상품에 무언가 문제가 발생해도 큰 문제는 없다'는 것이 FRB를 비롯한 세계 금융 당국자의 공통된 인식이었다. 그런데 실제로는 고작 1조 달러의 서브프라임 담보증권이 180조 달러의 금융자산 전체를 폭락시키는 결과를 낳았다. 금융 경제 참사의 영향으로 실물경제가 바닥으로 가라앉았다는 것은 모두가 아는 바다.

연쇄 경제에서는 금융 경제가 병원균의 침입을 받을 경우 즉시 실물경제까지 감염된다. 세계 금융위기에 따른 '세계 경제위기'는 금융 경제와 실물경제가 합병증을 일으킨 것이라고 할 수 있다. 합병증을 일으키면 사태는 심각해진다. 치료가 더 까다로워지고 오랫동안 회복하기 어려울 수도 있다.

한 나라의 파산이
세계 경제를 뒤흔든다

그리스 위기에서도 연쇄 경제의 본질이 그대로 드러났다. 그리스의 GDP는 EU 전체의 2%, 유로존의 2.7%에 지나지 않는다. 이런 까닭에 EU 각국도 처음에는 '문제없이 처리할 수 있다'는 생각을 하고 있었다. 그런데 그리스 국채 폭락은 다른 남유럽 국가들의 국채 급락으로 파급되었고, 나아가 유로 약세와 유럽 주가 약세를 유발하면서 눈 깜짝할 사이에 EU 전체의 문제로 확대되었다.

그리스의 재정위기가 불거지면 그 영향이 같은 문제를 안고 있는 다른 PIIGS 국가에 파급되리라는 것은 처음부터 알 수 있는 일이었다. 이들 채무국은 국채 급락에 따른 금리 상승에 저항력이 약하여 투기 대상이 되기 쉽기 때문이다. 항상 다음 표적을 찾고 있는 시장이 그 점을 놓칠 리 없다.

그뿐 아니라 3장에서 설명한 것처럼 유럽의 많은 은행이 PIIGS 국가에 거액의 여신을 제공하고 있다. 독일과 프랑스의 대형 은행도 자국 GDP의 20~30%에 달하는 여신 잔액을 안고 있다. 이것은 가히 위기 수준이라고 할 만한 규모다. 만약 그리스나 스페인, 포르투갈 등이 파산한다면 EU의 우량국가인 독일과 프랑스도 대형 은행의 경영위기에 따른 대참사를 피할 수 없을 것이다.

이것은 국가 재정과 금융 경제의 연쇄성이 높다는 것을 보여주는 일례이기도 하다. 유럽 각국은 금융기관을 구제하느라 국가 재정이 많이 악화되었다. 그런데 재정을 보전하기 위해 발행한 각국의 국채를 도움을 받은 금융기관이 인수하고 있다. 유럽에서는 이렇게 서로 도움을 주고 도움을 받는 구도가 이루어졌다. 국가의 빚을 금융기관이 인수하는 관계는 유럽뿐 아니라 미국이나 일본 등 다른 선진국에서도 흔히 볼 수 있다. 게다가 그 규모는 금융위기 때 급격하게 팽창했다.

선진국의 재정 적자는 2007년에 평균적으로 GDP 대비 1.1%였으나, 2009년에는 8.8%까지 높아졌다. 선진국의 정부 채무 잔액도 2007년에 GDP 대비 72.9%였지만 2009년에는 90.6%로 상승했다. 이것을 각국 금융기관이 인수했다는 점을 생각하면 어느 한 곳에서 일어난 위기가 단숨에 국경을 넘어 연쇄 확대되는 사태를 피할 수 없는 이유를 알 수 있다. 한 나라의 파산이 다른 국가의 은행을 파산으로 몰고, 다른 국가의 은행이 파산하면 한 나라가 파산한다. 세계 경제가 마치 도미노처럼 이어져 있는 것이다.

이렇게 세계가 안고 있는 리스크는 연쇄 경제에 의해 계속 확대되고 있다. 연쇄성 높은 현재의 글로벌 경제에서는 작은 먼지 하나가 큰 위기로 확대된다. 게다가 전이 속도가 아주 빨라 극히 짧은 기간에 전 세계로 확산되는 경향을 보이고 있다.

연쇄 경제를 설명할 때 나는 자주 기상학의 '나비효과'를 인용한다. 나비효과란 '한 마리의 나비가 날갯짓을 하면 그 힘에 의해 회오리바람이 인다'는 이론이다. 황당무계한 듯하지만 이것은 '아주 작은 변화도 그것이 연쇄적으로 작용하면 큰 변화를 일으킬 수 있다'는 카오스 이론을 우화적으로 설명한 것이다. 겨우 1조 달러의 서브프라임 모기지 담보증권이 180조 달러나 되는 세계 금융자산을 폭락시킨 것은 그야말로 나비효과 자체라고 할 만하다. 나비의 작은 날갯짓이 순식간에 거대한 회오리바람이 되어 전 세계를 덮치는 모습을 우리 눈으로 직접 확인한 셈이다.

세계 경제의 연쇄 파탄을 멈출 수 있을까?

과거에 아르헨티나와 러시아 등 몇몇 국가가 파산위기에 몰렸지만 그 영향이 미치는 범위는 한정적이었다. 경제의 연쇄성이 강해지기 전이었기 때문이다. 역사를 되짚어보면 스페인은 과거에 몇 번이나 국채 디폴트에 이르렀음에도 전 세계에 큰 피해를 주지는 않았다. 그러나 현재의 연쇄 경제에서 스페인이 디폴트를 선언하면 눈 깜짝할 새에 세계 대공황이 일어난다.

우리는 이제 연쇄 경제를 막을 수 없다. 현행 경제 시스템에서는 인간의 힘이나 지혜로 해결할 수 있는 문제가 아니다. 강력한 대응책이라고 한다면 세계 각국이 보호주의를 펼쳐 다양한 규제를 하는 방법밖에 없다. 국가 간에 화폐와 제품이 자유롭게 오갈 수 없게 하여 자국 경제의 독립성을 높이는 것 말고는 연쇄성을 약하게 할 방법이 없다.

구체적으로는 해외에서 들어오는 투자 자금에 과세를 하거나 관세 인상 및 검사기준 강화를 통해 수입을 제한하는 조치를 생각할 수 있다. 오바마 정권이 첫 번째 경제 대책에 포함시킨 미국 국산품 우선 구매조항, '바이 아메리칸' 같이 자국 내에서 생산한 제품을 우선적으로 구입하도록 의무화하는 경우가 늘어날지도 모른다. 그러나 보호주의는 전쟁이나 분쟁을 유발할 만큼 큰 리스크에 해당한다. 세계 각국이 국내 산업 보호에 집중해 무역을 제한하면 세계 경제 규모는 축소될 수밖에 없다. 이 경우 전 세계 경기가 악화되고 생활 불안에 쫓기는 사람들이 우경화되어 큰 전쟁이나 분쟁이 일어나기 쉽다. 만약 대규모 국제 분쟁이 일어나면 결과적으로 세계 경제에 엄청난 악영향이 미치게 된다. 보호주의를 채택한 국가가 거기에 휘말리게 된다면 결국 아무도 이득을 보지 못할 것이 명확하다. 결국 연쇄 경제를 방지하겠다는 생각 자체가 난센스라고 할 수 있다.

우리는 연쇄 경제라는 세계 경제의 본질을 있는 그대로 받아들여야 한다. 그런 다음 또 다른 본질인 불균형 누적 경제를 깊이 연구하여 세계의 다양한 불균형을 방지하는 시스템을 차근차근 만들어가야 한다. 이것이 현실적으로 가능한 대응이다.

미국은 달러 약세의 보복을 당한다

'불균형 누적 경제'와 '연쇄 경제'라는 두 가지 관점에서 앞으로 세계 경제는 과연 어떻게 움직일까?

리먼 쇼크 이후 세계 각국은 세계 동시 불황에서 탈출하기 위해 정부의 재정 지출을 통한 '경기부양책'과 중앙은행의 '금융 완화 정책'으로 경기 회복을 도모해왔다. 신흥국은 이 목적을 재빨리 달성했지만 선진국은 경기 회복이 늦고 여전히 더블딥 리스크가 염려스러운 상태다.

또한 그리스 위기를 계기로 유럽에서는 이미 긴축 재정을 동반하는 재정 재건으로 방향을 전환했다. 미국도 중간선거에서 오바마가 이끄는 민주당이 패하여 재정 재건을 추진할 가능성이 커졌다. 유럽만 재정 재건을 추진한다면 미 국채가 매도되어 장기금리가 상승하기 때문이다.

본래 재정 지출과 금융 완화라는 두 바퀴로 경기 회복을 노려야 하지만 선진국들은 금융 완화라는 한 바퀴만을 이용하여 달릴 수밖에 없는 실정이다. 이렇게 되면 금융 완화에 지나치게 의존하는 상황에 몰리고 만다. 그 결과 선진국과 신흥국 사이의 불균형은 주로 물가에서 확대되어갈 것이다.

2010년 9월에도 FRB는 금융 완화를 계속했고 미국의 고용 회복이 뒷받침하기까지 금융 완화를 지속할 생각이다. 앞으로 1~2년 동안 미국은 금융 완화 상태일 것이다. 그러면 유럽과 미국의 금융기관을 비롯해 전 세계 투자자가 저금리 달러를 빌려 고금리 신흥국 통화나 주식에 투자하여 이익을 얻으려고 달려들게 마련이다. 소위 '달러 캐리 트레이드*'가 이후로도 늘어갈 거라는 얘기다. 그 결과 선진국에서 신흥국으로의 자금 유입이 늘어나고, 그렇지 않아도 물가와 임금 상승이 계속되던 신흥국의 인플레이션에 박차가 가해진다. 신흥국에서는 이미 '달러 약세가 인플레이션

●**달러 캐리 트레이드**(carry trade)　세계적으로 저금리인 미국 달러를 차입해 금리가 더 높은 신흥국이나 자원국의 통화, 주식, 금, 원유 등의 국제 상품에 투자해 이익을 얻는 투자기법이다.

과 부동산 투자를 조장한다'는 불만을 표출하고 있다. 예를 들어 홍콩에서는 달러 캐리 트레이드 자금이 유입되어 부동산시장(맨션 시장)이 2009년 1년 동안 40%나 상승했다. 정도의 차이는 있지만 다른 신흥국에서도 같은 현상이 나타나고 있다.

버냉키 의장은 'FRB가 책임을 지는 것은 미국의 고용과 물가뿐'이라는 논리에 기초하여 다른 나라의 물가 상승에 대해서는 언급하지 않는다. 그러나 금융 완화에 따른 달러 약세의 불똥은 언젠가 미국으로 되돌아올 것이다.

중국은 위안화 절상을 요구하는 미국에 맞서 '중국의 부동산 가격 상승은 달러 약세가 원인'이라며 교섭 수단으로 삼고 있다. 브라질은 선진국 자금 유입을 억제하기 위해 해외에서 들어오는 채권 투자나 주식 투자에 금융거래세를 과세하고 있다. 태국도 해외 투자가의 채권 매각 이익에 과세를 시작했다. 이후로도 비슷한 규제를 실시하는 신흥국이 나타날 가능성이 크다.

이처럼 신흥국은 미국의 금융 완화가 오래 지속되는 데 대해 우려를 표명하고 대항 조치를 취할 수밖에 없는 상황이다.

미국, 유럽의 회복 기조는 길지 않다

실물경제 측면에서 미국을 비롯한 선진국은 통화 약세를 무기로, 고성장을 이어가는 신흥국에서 시장을 확대하려 한다. 달러와 유로 약세가 계속되는 가운데 신흥국에서 수익을 올려 경기 회복을 도모하는 것이 유럽과 미국이 노리는 바다. 특히 소비자물가지수 상승률이 낮게 이어지고 있는 미국에서는 디플레이션에 대한 우려를 억제하기 위해서라도 통화 약세가 바람직하다고 생각하고 있다.

한편 신흥국도 선진국에 대한 수출을 늘려 높은 경제성장을 유지하고 싶어 한다. 많은 신흥국이 모델로 하는 성장 프로세스는 과거 일본이나 현재의 중국 같이 초기 성장단계에서 수출에 의존해 국민소득을 끌어올린 후 내수를 확대하는 것이다.

금융 완화로 달러 약세 환경을 연출하는 미국도, 재정위기에 따른 유로 약세로 수출이 빠르게 회복되고 있는 유럽도, 현재 상황에서는 모두 기업 실적이 회복 기조에 들어섰다. 그러나 이 상태가 계속되는 시기는 아주 잠깐이다. 선진국의 통화 하락으로 자국 통화에 상승 압력을 받는 신흥국은 인플레이션으로 고민할 뿐 아니라 지속적인 고성장도 위협받고 있다. 불만의 화산이 끓어오르는 신흥국이 현재 상태를 방치할 리 없다.

선진국과 신흥국 사이에서 확대되는 통화가치 불균형을 신흥국 측에서 해소하겠다고 나서는 것은 시간 문제다. 아마도 자국 통화 상승을 억제하기 위해 해외에서 유입되는 자금을 규제하거나, 외환시장에서 달러 혹은 유로 매입을 반복해 달러와 유로 약세에 저항할 것이다.

그러나 외환시장 개입에는 큰 부작용이 따른다. 신흥국이 모두 달러와 유로를 매입하게 되면 신흥국의 외환보유액은 계속 증가한다. 특히 달러 보유액이 크게 팽창할 것이다. 2010년 6월 말 기준 외환보유액의 상위 10개국을 보면 일본과 스위스를 제외하고 중국, 인도, 브라질, 러시아, 한국, 홍콩, 대만, 싱가포르 등의 신흥국이 차지하고 있다. 10개국의 보유액 합계는 6조 달러에 달할 정도지만 이후로도 계속 증가할 전망이다.

이 사실은 신흥국이 선진국의 리스크, 특히 미국의 리스크를 내포하고 있음을 의미한다. 유로라면 괜찮을지 몰라도 달러가 폭락하는 사태가 생기면 신흥국은 거액의 감액손실을 끌어안게 된다. 그 리스크를 분산하기 위해 신흥국은 금 보유량도 늘리고 있다. 달러나 유로의 변동에 따른 영향을 조금이라도 경감하겠다는 의도지만, 세계 금융자산에서 차지하는 금의 비율은 극히 일부분에 지나지 않는다. 따라서 신흥국이 유럽과 미국의 리스크를 점점 더 많이 끌어안게 된다는 사실에는 변함이 없다. 특히 보유액이 큰 달러의 움직임은 이전보다 더 신경이 쓰일 수밖에 없다.

즉, 신흥국은 이후로도 달러 보유를 계속 늘릴 테고 그 때문에 세계 경제의 큰 흐름은 더욱 미국 경제의 동향에 좌우될 것이다. 신흥국이 달러 약세에 대항하여 환율 개입을 반복할 경우, 오히려 미국 경제에 대한 자국 경제의 연동성을 높이는 결과를 낳는다.

미국 주가 상승은 경기 회복이 아니다

지금까지 선진국과 신흥국 사이의 금융 정책 불균형으로 물가와 통화가치 불균형이 발생한다고 설명했다. 또한 불균형에 대해 신흥국이 어떤 대응을 하는지, 그 결과 세계 경제가 어떤 리스크를 끌어안게 되는지도 살펴보았다. 다음은 금융 완화가 선진국 경제와 세계 경제에 어떤 영향을 미치는지 알아보자.

2장에서 이야기한 것처럼 신흥국의 환율 개입에 큰 부작용이 있듯, 선진국의 금융 완화가 길어지면 길어질수록 선진국 내 실물경제는 악화되고 만다. 금융 완화로 장기금리가 떨어지면 금융기관이 기업에 융자를 해주어도 이익이 남지 않아 금융기관의 수익 기반이 무너지기 때문이다. 그러면 전체 노동자 고용 비율에서 큰 부분을 차지하는 중소기업에 융자가 이루어지지 않으며, 따라서 노동자 고용도 늘지 않고 임금도 오르지 않는다. 노동자 임금이 오르지 않으면 물가 상승이 어려워져 디플레이션 우려가 생긴다.

중소기업에 융자가 이루어지지 않는다는 것은 큰 성장 가능성을 내포한 벤처기업이나 혁신적 사업이 성장하기 어려운 환경이 된다는 것을 의미한다. 그러면 경제의 신진대사가 이루어지지 않아 경제 전체가 장기 정체하는 원인이 될 수 있다. 금융 완화로 돈의 공급량을 늘려도 안전하게 수익을 올릴 수 있는 국채나 주식으로 돈이 흘러가면 아무 의미가 없다. 정부가 공급하는 자금은 중소기업으로 흘러들어 가야 한다.

금융 완화를 실행하면 1~2년은 주가와 부동산 가격이 상승하고 자산 효과로 소비가 늘 수 있다. 그러나 그 효과는 오랜 기간 지속되지 않는다. 오히려 일시적으로 주가나 부동산 가격이 올라 시장과 사회의 경계심이 느슨해지는 바람에 어려운 현실을 직시하지 못하는 악영향까지 있다.

다우존스 평균 지수는 금융위기 후에 6,500달러까지 떨어졌지만 2010년 9월 말에 11,000달러 가까이 회복되었다. 그러나 이 주가 상승을 진정한 경기 회복이라고 착각해서는 안 된다.

국채 거품 붕괴의 결말은?

금융 완화가 오래 지속되면 미래에 자산 거품이 발생할 리스크가 높아지는 부작용도 있다. 돈이 시중에 대량 공급되어도 금융기관은 그 돈을 융자로 돌리지 않고 투자할 만한 자산을 찾게 된다. 이렇게 해서 자산 거품이 발생할 환경이 갖춰진다.

과거 20년의 역사를 돌아보면 미국과 유럽, 일본 등에서 주택, 토지, 주식은 거품 붕괴의 쓰라린 경험을 했다. 금융기관이나 투자자나 모두 그 사태를 잘 기억하고 있기 때문에 주택이나 토지, 주식에 크게 투자하지 않는다. 특히 금융기관이 투자 대상으로 즐겨 선택하는 것은 과거 20년 동안 거품 붕괴를 경험하지 않던 '국채'다. 2010년 9월 말 현재 미국과 유럽, 일본 금융기관의 국채 보유액이 역대 최고 수준인 이유가 여기에 있다.

민간의 금융기관만 국채를 보유하는 것은 아니다. 미국, 유럽, 일본의 중앙은행도 금융 완화 정책이나 위기대응책의 일환으로 국채를 대량 매입하고 있다. 국채에 자금이 집중된 결과 선진국의 장기금리는 역대 최저 수준으로 떨어졌다. 2010년 9월 말 미국의 장기금리는 2.50%, 유럽의 경제대국 독일은 2.27%, 일본은 0.94%가 되었다. 금융 완화가 장기화할수록, 금융 완화 내용이 확대될수록 안전 자산으로 보이는 국채를 구입하려는 경향은 강해질 것이다.

그런데 2010년 9월 말 현재 국채가 너무 많이 팔렸다. 꺼림칙한 느낌이 들지 않는가? 선진국은 이미 국채 거품의 초기단계에 들어갔다고 해도 과언이 아니다.

2007년 서브프라임 사태, 2008년 리먼 쇼크, 2010년 그리스 위기까지, 세계에 계속해서 위기가 존재하는 가운데 금융기관뿐 아니라 헤지펀드까지 극단적으로 리스크를 회피하는 투자 태도를 보이게 되었다. 그 결과 국채 거품이라는 새로운 리스크가 생겨나려 한다.

만약 이것이 본격적으로 거품이 된다면 대처하기가 상당히 어려워진다. 미국은 고용 회복을 기대하며 금융 완화를 축소하려 하겠지만 그때는 이미 늦을지도 모른다. 요컨대 금융 정책에서 시행착

오를 아무리 경험한다 해도 금융 경제를 제대로 조절하기는 극히 어렵다.

혹시 국채 거품이 이미 일어나고 있는 것은 아닐까? 그러나 현 시점에서 거품인지 아닌지는 누구도 판단할 수 없다. 거품은 붕괴하고 나서야 비로소 그것이 거품이었음을 알게 되는 것이기 때문이다. 그렇지만 현재의 상태를 방치하면 언젠가 선진국이 '국채 거품의 붕괴'라는 참극을 맞이할 가능성은 충분하다. 국채 거품이 붕괴하면 전 세계의 금융기관이 거액의 감액손실을 끌어안게 된다. 그중에는 경영 위기에 빠지는 금융기관도 있을 것이다. 선진 각국의 중앙은행도 큰 타격을 받을 테고, 환율 개입으로 쌓아놓은 달러 혹은 유로를 미국 국채나 독일 국채 등으로 운용하는 신흥국도 적잖이 타격을 입게 된다. 이 경우 달러와 유로는 폭락을 피할 수 없다. 주식과 상품 폭락도 어쩔 수 없다. 선진국의 국채 거품 붕괴는 당연히 신흥국에도 순식간에 영향을 미쳐 세계적인 채권 약세, 주가 약세, 상품 약세라는 트리플 약세가 급격하게 진행되는 상황을 예상할 수 있다.

금융시장에 혼란이 발생하면 투자가는 리스크를 회피하는 행동을 보이게 마련이다. 신흥국 경제가 호조라 해도 마찬가지다. 미국과 유럽에서 유입된 거액의 자금이 신흥국 시장에서 한꺼번에 철수하면 신흥국 주식시장과 채권시장도 예외 없이 급락하게 된다. '금'은 전체 시장에 역행하여 상승하겠지만 세계 금융자산에서 금 관련 자산이 차지하는 비중은 극히 일부에 지나지 않는다. 전 세계 금융기관이나 투자가가 많은 자산을 잃을 가능성이 서서히 커지고 있다.

2012년
세계 경제 동향

　이제 2011년 이후 본격화하는 유럽 재정 재건이 세계 경제에 어떤 영향을 미칠지 생각해보자. 우선 EU 27개국 중 협정을 위반한 24개국이 긴축 재정을 동반하는 재정 재건을 개시한다. 그 영향으로 가장 먼저 EU 내 무역규모가 축소된다. 특히 재정 재건을 이루기까지 허들이 높은 PIIGS 국가(포르투갈, 이탈리아, 아일랜드, 그리스, 스페인)에서 소비가 대폭 감소해 수입량이 줄어들 것이다. PIIGS 소비 감소의 영향을 직접적으로 받는 곳은 EU 국가들, 그중에서도 경상수지 흑자국인 독일과 프랑스 등이다.

　사실 EU 각국의 최대 무역 상대국은 EU 자신이다. 2009년 EU

국가 간에 이루어진 무역은 수출, 수입 모두 전체의 66%를 차지하고 있다. 독일과 프랑스 등이 신흥국에 수출하여 수익을 올리긴 해도 EU 외부지역과의 무역은 전체의 34%, 즉 3분의 1 정도에 지나지 않는다. 그리고 EU 지역 내에서 독일과 프랑스 등의 주요 수출처는 만성적인 경상수지 적자에 허덕이는 PIIGS 국가다.

재정 재건을 위해 PIIGS 국가가 일제히 수입을 줄이면 독일과 프랑스의 수출이 감소하게 된다. 그 악영향은 연쇄작용을 일으켜 다양한 경로로 EU 국가에 파급된다. 결국 EU 전체의 무역규모, 나아가 경제규모가 축소된다.

그 영향은 시간차를 조금 두고 미국과 중국에 퍼지게 된다. 2009년 미국에서 EU로의 수출은 전체의 21%, 수입은 18%를 차지했다. 중국에서 EU로의 수출은 전체의 20%, 수입은 10%를 차지하고 있다. EU는 미국과 중국의 최대 수출처이기 때문에 이들은 EU의 영향을 받지 않을 수 없다. EU 전체에서 재정 재건이 진행되고 수입을 줄인다면 당연히 미국과 중국도 수출이 감소하는 사태를 피할 수 없다. EU에 대한 수출이 감소하면 그만큼 벌어들이는 금액이 줄어들고, 이번에는 미국과 중국이 수입량을 줄이게 된다.

그 다음에는 미국과 중국에 대한 수출로 돈을 벌던 다른 나라들로 그 영향이 퍼진다. 예를 들면 일본은 대미 수출이 전체의 16%, 대중 수출이 전체의 18%를 차지한다. 일본의 가장 큰 수출처는 중국, 두 번째는 미국이므로 양국이 수입을 줄이면 일본의 수출

산업은 적지 않은 타격을 받게 된다. 덧붙이자면 EU는 세 번째로 큰 수출처로 일본 전체 수출의 12%를 차지한다. EU가 수입을 줄이면 사실상 일본이 입는 타격이 가장 크다고 할 수 있다. 물론 일본뿐 아니라 EU, 미국, 중국의 무역 상대국은 모두 정도의 차이는 있을지언정 틀림없이 영향을 받게 된다.

이와 같이 연쇄 경제에서는 세계의 일부에서 일어난 사건이 연쇄반응적으로 전 세계에 퍼져간다. 세계 전체의 무역 거래금액을 보면 EU는 수출, 수입 모두 전체의 36%를 차지한다. 이는 상당히 큰 규모이므로 EU 재정 재건의 영향은 세계 각국으로 확대되어 전 세계의 경제규모가 축소될 것이다. 이러한 상황은 2011년 중에 드러나기 시작하여 2012년에 심각한 사태를 불러올 것으로 보인다.

이 대목에서 재정 재건을 뒤로 미루면 되지 않느냐고 생각하는 독자가 있을지도 모르겠다. 재정 재건을 뒤로 미루면 그리스, 스페인, 포르투갈은 채무불이행에 빠져 유럽 각국의 금융기관이 연쇄 파산하고 만다. 그러한 사태는 순식간에 전 세계로 파급되고 틀림없이 세계 대공황이 일어나게 된다. 그러니 재정 재건은 미룰 수 없다.

미국과 유럽을 중심으로 하는 선진국에 선택지는 별로 없다. 자연스럽게 경기의 바닥을 치고 장기간에 걸쳐 회복하는 것 외에 경기 회복 방법이 없다는 것이 정확한 판단이다. 자율적인 경기 회복을 기다릴 수밖에 없는 것이다.

자본주의에 미래는 있는가?

세계 경제는 글로벌화에 의해 '불균형 누적'과 '연쇄'라는 두 가지 본질을 내포하게 되었다. 이와 함께 경제의 속도는 전례 없이 빨라졌다. 속도가 빨라졌다는 것은 자본주의의 한계가 찾아오는 시기도 빨라졌음을 의미한다.

자본주의는 선진국의 글로벌기업이 노동비용이 싼 신흥국이나 개도국에서 저렴한 상품을 대량 생산하고, 그 상품을 선진국에 팔면서 성장해왔다. 글로벌기업이 진출한 신흥국이나 개도국에서는 고용이 늘고 경제가 성장한다. 덕분에 노동자의 임금 수준과 함께 생활수준도 높아지지만 임금 수준이 올라감에 따라 그 국가에서

만든 상품은 서서히 국제 경쟁력이 낮아진다. 그러면 글로벌기업은 다시 싼 노동력을 찾아 다른 신흥국이나 개도국에서 상품을 만들게 된다. 자본주의는 이러한 사이클을 반복하면서 영토를 확장하고 성장을 계속해왔다.

그런데 이제 자본주의의 성장에 한계가 보이고 있다. 선진국과 신흥국의 불균형 확대에 따라 신흥국 및 개도국에 대한 글로벌기업의 투자는 급격히 커졌다. 여기에 연쇄 경제도 한몫해서 신흥국과 개도국은 과거에 상상조차 할 수 없던 빠른 속도로 성장하고 있고 임금 수준도 상승하고 있다. 2010년을 경계로 중국에서는 급격한 임금 상승이 시작되었고 노동비용이 아시아 최저수준인 방글라데시에서조차 공장 노동자들의 임금 인상 요구 파업이 빈발하고 있다. 앞으로 이들 신흥국과 개도국에서는 임금 상승에 더욱 박차가 가해질 것이다.

이제 글로벌기업이 새롭게 진출할 수 있는 신흥국이나 개도국은 얼마 남지 않았다. 글로벌기업은 이미 동남아시아에서 남아시아, 북아프리카, 아프리카에까지 진출했다. 자본주의의 미개척지로 남겨진 곳은 동아프리카와 서아프리카, 아프리카 내륙 정도밖에 없다. 글로벌기업이 아프리카 대륙의 마지막 장소에 진출할 때 자본주의는 한계를 드러낼 것으로 보인다. 더 이상 싼 노동력을 구할 수 없는 상황이 되면 자본주의는 성장의 원동력을 잃고 만다.

자본주의는 앞으로 20년 내에 한계에 부닥치게 될지도 모른다.

제6장

일본 경제의 미래

일본의 현실

최근 20년 동안 일본 경제는 거의 성장하지 못했다. 명목 GDP, 물가, 임금 등 어느 것 하나 20년 전 수준에서 나아지지 않았다. 심지어 주가와 물가는 절반을 크게 밑도는 추이다. 구매력 평가의 기준이 되는 국민 1인당 GDP도 싱가포르와 홍콩에 추월당했고 점차 격차가 벌어지고 있다. 이것이 소위 '세계 2위 경제대국'이라는 일본의 현실이다.

일본은 저출산 고령화와 인구 감소, 국내 소비시장 축소로 경제의 대외 수출 의존도가 점점 높아지고 있다. 일본이 부활하려면 수출을 확대하여 수익을 올리는 길밖에 없다.

많은 전문가가 말하는 내수 확대는 환상에 지나지 않는다. 노동자의 임금 인상을 기대할 수 없는데다 20년 후에는 인구가 10% 감소하는 일본에서 어떻게 내수가 확대될 수 있겠는가?

그런 현실을 잘 이해하고 있는 업계에서는 이미 업종을 불문하고 대기업 합병과 경영 통합을 이뤄내고 있다. 더 이상 내수에 기대하는 것은 무리며, 규모를 확대하여 해외로 진출하지 않으면 기업의 미래가 없다고 생각하기 때문이다. 글로벌기업과의 경쟁에서 살아남기 위해 이후로도 계속 대기업 합병과 경영 통합이 진행될 것이다.

일본 기업의 큰 핸디캡은 엔고와 높은 법인세율이다.

2008년 미국과 유럽에서 금융위기가 발생하자 투자자들은 달러와 유로를 대량 매도하는 한편 엔을 단속적으로 매입했다. 그 결과 슬금슬금 엔고가 진행되었다. 여기에다 2010년에는 미국의 금융 완화와 유럽의 재정위기가 엔고 현상을 부추기면서 엔화는 일본의 경제력을 크게 웃도는 수준이 되어버렸다.

한편 법인세는 세계 여러 나라가 인하를 추진하는 분위기다. 유로 도입 후 10년 동안 EU 가맹국의 법인세 평균 세율은 34%에서 23%로 떨어졌다. 같은 10년 동안 세계의 법인세 평균 세율도 33%에서 25%까지 하락했다. 아시아 국가들도 20% 아래로 낮아진 상태다. 세계 각국이 세율 인하 움직임을 보이는 것은 기업의 부담을 줄여 고용을 유지하는 것은 물론 기업이 글로벌 경쟁에서 이길 수 있도록 활력을 부여하기 위해서다. 이런 세계의 조류를 무시한 채 오직 일본만 법인세 감세를 시행하지 않고 있다.

일본 기업이
삼성전자에 지는 이유

세계 각국의 성장 전략에 뒤처진 일본의 법인세율은 여전히 40%다. 해외에 비해 높은 법인세는 분명 족쇄로 작용해 기업에 부담을 안겨준다.

법인세 감세 논의를 할라치면 으레 "국민보다 기업을 우선하는 것이냐"는 비판적 의견이 나온다. 그러나 기업과 국민은 결코 이율배반적인 존재가 아니다. 기업이 국제경쟁에서 이겨야 노동자의 임금이 오르고 국민은 풍족해질 수 있다. 그런 의미에서 기업의 조세 부담을 경감하는 것은 국민에게 이득이 된다.

예를 들어 곧잘 비교의 대상으로 떠오르는 일본의 하이테크 기업과 한국의 삼성전자를 살펴보자. 환율과 법인세율에서 큰 핸디캡을 지닌 일본 기업이 삼성전자를 이기지 못하는 것은 당연하다. 꾸준한 호조를 보이는 삼성전자도 주요 통화에 대한 원화 환율이 엔화만큼 높았다면 간신히 흑자를 유지했을 것이다.

법인세율의 격차도 만만치 않다. 한국의 법인세율은 24%로 일본보다 16%나 낮기 때문에 삼성전자는 일본의 하이테크 기업에 비해 여유자금을 만들 여력이 크다. 물론 그 여유자금은 글로벌 경쟁에서 승리하기 위한 투자로 환원된다. 법인세 격차는 일본 기업이 글로벌 경쟁에서 뒤처질 수밖에 없는 상황을 만들고 있다.

국가 간, 기업 간 글로벌 경쟁이 격화되는 가운데 성장 전략이 없는 국가에는 밝은 미래가 있을 수 없다. 성장 전략이 없는 국가에서는 고용이 늘지 않으며 경제가 부활할 수도 없다. 근본적인 경제 정책의 잘못을 바로잡지 않으면 일본은 잃어버린 30년을 회피할 수 없을 것이다.

그렇다고 포기할 필요는 없다. 국민 한 사람 한 사람이 경제 현상을 분명하게 인식한다면 눈앞의 선거에만 관심을 갖는 정치가의 자세를 바꿀 수 있기 때문이다.

나는 일본 경제의 미래를 생각할 때 논점은 결국 성장 전략, 교육 문제, 인구 감소 문제의 세 가지로 집약된다고 생각한다. 성장 전략은 앞에서 설명했으므로 이어 교육문제와 인구 감소 문제를 생각해보자.

일본인에게 맞는 교육법은?

저출산 고령화가 진행되어 노동력 인구가 계속 감소하는 상황을 이대로 방치하면 세계와 비교해 일본의 경제규모가 줄어드는 상황을 피할 수 없다. 국가의 경제규모를 측정하는 기준은 GDP인데 그것은 다음의 계산식으로 나타낸다.

GDP = 1인당 GDP × 인구

인구가 계속 줄어들면 GDP에도 감소 압력이 작용한다. GDP를 유지하고 싶다면 1인당 GDP를 높일 수밖에 없다. 설령 현재 수준의 1인당 GDP를 그대로 유지하더라도 다른 국가에 차례로 추월 당한다면 의미를 잃는다.

지금까지 일본은 '1인당 GDP 세계 랭킹'(구매력 평가 기준)에서 1991년 8위를 정점으로 1995년에 15위, 2000년에 23위, 2005년에는 24위로 떨어졌고 이후로 계속 20위대에 머물고 있다. 'GDP 세계 2위'라는 말에 현혹되기 쉽지만 이 사실을 놓쳐서는 안 된다. 인구 감소가 확실시되는 가운데 1인당 GDP마저 외국을 이길 수 없다면 세계에서 일본의 경제력은 저하되고 만다.

국민이 1인당 생산하는 물건이나 서비스의 가치를 높이려면 어떻게 해야 할까? 우선 교육 수준이 향상되어야 한다. 한 사람 한 사람의 능력을 높여 생산성을 높여야 한다. 그러나 최근 일본에서는 교육의 질도, 학생들의 학력도 현저하게 떨어지고 있다. 내가 볼 때 교육 현장에 미국과 유럽의 가치관을 적용한 것이 나쁜 결과를 불러온 듯하다.

농경민족의 DNA를 가진 일본인에게는 집단교육이 적합하다. 책상을 나란히 놓고 앉아 일률적인 커리큘럼에 따라 경쟁하면서 서로 자극하여 능력을 신장하는 방법이 잘 맞는다. 경쟁이 없으면 학력 향상이 이루어지지 않고 아이들의 향상심도 키울 수 없다. 또한 아이들이 집단활동에서 규칙을 익히게 하는 데도 엄격한 규율이 있는 구식 관리교육이 어울린다.

그런데도 일본의 교육은 개인주의를 앞세우는 구미의 영향을 받아 개성을 키운다는 명목으로 지식의 주입보다 창의성과 자율성 존중을 강조하는 교육으로 전환했다. 1976년부터 단계적으로 도입하다가 2007년에 폐지한 여유교육 탓에 집단교육이나 관리교육에서 제공하는 장점을 잃고 말았다. 학력이 떨어지는 것은 물론 인내심 없고 규율을 지킬 줄 모르는 아이들이 늘어 상황은 점점 더 나빠지고 있다. 개성을 키우는 서구의 교육은 독립지향성이 강한 수렵민족 특유의 DNA를 가진 서구인에게 적합한 것이고, 일본인의 민족성에는 적합하지 않다.

일본인은 원래 사람과의 조화를 중시하는 DNA를 물려받은 농경민족이다. 함께 구구단을 합창하고 받아쓰기를 하는 가운데 부지런히 학문과 덕행을 닦아 능력을 키우는 민족성을 가지고 있다.

'집단교육은 주입식 교육'이라는 비판도 있지만 기초학력을 제대로 익히도록 하는 교육 커리큘럼이 일본의 교육 수준을 세계적인 수준을 올려 놓았음은 주지의 사실이다. 2010년 두 일본인이 노벨화학상을 받아 화제가 되었지만 평가 대상이 된 연구는 30년 전의 것이었다. 수상자들은 적어도 30년 이전의 집단교육과 관리교육 체제 아래서 교육을 받았다.

인재 육성은
토요타에서 배워라

생산성을 높이기 위해서는 학교교육뿐 아니라 사회교육도 중요하다. 그럼에도 불황 속에서 많은 기업은 인건비 절감에 매달리느라 숙련된 선배나 중견사원이 젊은 사원을 교육할 시간을 빼앗고 말았다. 게다가 많은 기업이 정사원 대신 파견사원 및 아르바이트를 늘리고 그들에게 교육 기회를 거의 주지 않는다. 특히 걱정스러운 점은 세계에서도 최고봉인 제조업의 높은 기술력이 숙련된 사원에게서 젊은 사원에게로 전승되지 않는다는 문제다.

일본 제조업에는 높은 기술력이라는 강력한 무기가 있다. 그런데 세계에 자랑할 만한 뛰어난 기술력이 있어도 엔고의 여파로 폐업에 몰리거나 은행 대출을 받지 못해 도산하는 중소기업이 갈수록 늘고 있다. 소규모 공장 등 영세기업에서는 계승자를 키우지 못해 사업을 접는 일도 적지 않다. 기껏 쌓아놓은 높은 기술력을 아무에게도 전승하지 못해 묻혀버리는 것은 무척 아까운 노릇이다.

중소기업뿐 아니라 대기업에서도 비용 절감을 위해 연장근무를 피하고 있다. 그 때문에 숙련된 직원은 자신의 업무를 시간 내에 해치우기 바쁘고 젊은 직원을 가르칠 여유를 내지 못한다. 이런 상태로는 기술을 다음 세대에 전해주기 어렵다.

그런 의미에서 나는 토요타의 결단을 높이 평가한다. 금융위기 후 토요타는 실적 악화로 인해 직원의 연장근무를 원칙적으로 금지했다. 그러나 2010년 9월, 거의 모든 부문에서 연장근무를 부활시켰다. 숙련된 직원이나 중견직원이 젊은 직원들을 지도하는 데 시간을 쓸 수 있도록 하기 위해서다.

아무리 기계화가 이루어져도 제조 품질을 받쳐주는 근간은 숙련된 기술자들의 높은 기술력이라는 점에는 변함이 없다.

눈앞의 실적만 생각하면 연장근무 부활은 비용 증가로 이어진다. 그러나 긴 안목에서 보면 비용을 들여서라도 기술을 계승하는 것이 미래의 지속적 성장에 도움이 된다.

내가 기업에 권하고 싶은 것은 평생교육 시스템을 갖추라는 것이다. 학교교육과 사회교육을 포함해 장기적 관점으로 인재를 육성해야 일본 경제에서의 '교육 문제' 해결에 다가갈 수 있다.

노력은 반드시 보상받는다

일본 경제가 부활하여 국민이 풍요를 실감하느냐 못 하느냐는 우수한 인재를 얼마나 많이 키워내는가에 달려 있다. 따라서 국가는 교육 현장에서 학생들에게 노력의 중요성을 가르쳐야 하며 사회에서도 노력한 사람이 보상받는 환경을 정비해야 한다.

향상심과 성장 의욕을 고취하는 데는 경쟁을 시키는 방법이 가장 좋다. 경쟁은 결코 나쁜 것이 아니다. 경제뿐 아니라 사회 전체의 발전을 위해서도 경쟁은 필요불가결하다.

구소련이나 동구권 국가들의 사회주의 경제가 왜 붕괴했는지 잘 생각해보라. 바로 경쟁이 없었기 때문이다. 이들 국가에서는 노력한 사람과 노력하지 않은 사람을 동등하게 취급하고, 누구에게나 같은 수준의 생활과 수입을 보장하려 했다. 아무리 열심히 일해도 남들보다 더 가질 수 없다면 사람은 노력하지 않게 된다. 모든 사람이 노력을 포기하면 생산성이 떨어지고 새로운 가치도 창출하지 못한다. 사회주의 국가들의 경제는 이렇게 해서 붕괴한 것이다.

자본주의 사회의 가장 좋은 점은 노력하면 보상받는다는 것이다. 열심히 한만큼 손에 쥘 수 있을 경우 사람은 온 힘을 다해 일하거나 공부한다.

사건과 스토리로 읽는
단단한 경제학

초판 1쇄 인쇄 2012년 5월 18일
초판 1쇄 발행 2012년 5월 25일

지은이 나카하라 케이스케
옮긴이 최려진
펴낸이 김선식

Chief Editing Creator 박경란
Design Creator 김태수
Marketing Creator 이주화

1st Creative Editing Dept. 박경란, 신현숙, 송은경
Creative Marketing Dept. 이주화, 원종필, 백미숙, 이예림
　　　　Public Relation Team 서선행
　　　　Online Team 김선준, 박혜원, 전아름
　　　　Contents Rights Team 이정순, 김미영
Creative Design Dept. 최부돈, 박효영, 김태수, 조혜상, 이명애, 손은숙
Creative Management Dept. 김성자, 송현주, 권송이, 윤이경, 김민아, 한선미

펴낸곳 (주)다산북스
주소 서울시 마포구 서교동 395-27
전화 02-702-1724(기획편집)　02-6217-1726(마케팅)　02-704-1724(경영지원)
팩스 02-703-2219　**이메일** dasanbooks@hanmail.net
홈페이지 www.dasanbooks.com
출판등록 2005년 12월 23일 제313-2005-00277호

필름 출력 스크린 그래픽센타　**종이** 월드페이퍼(주)　**인쇄·제본** (주)현문

ISBN 978-89-6370-829-4　03320

다산북스(DASANBOOKS)는 독자 여러분의 책에 관한 아이디어와 원고 투고를 기쁜 마음으로 기다리고 있습니다.
책 출간을 원하는 아이디어가 있으신 분은 이메일 dasanbooks@hanmail.net 또는 다산북스 홈페이지
'투고원고'란으로 간단한 개요와 취지, 연락처 등을 보내주세요. 머뭇거리지 말고 문을 두드리세요.